学研

毎日のドリルの特長

やりきれるから自信がつく！

✓ 1日1枚の勉強で、学習習慣が

◎目標時間に合わせ、無理のない量の問題数で構成されているので、「1日1枚」やりきることができます。

◎解説が丁寧なので、まだ学校で習っていない内容でも勉強を進めることができます。

✓ すべての学習の土台となる「基礎力」が身につく！

◎スモールステップで構成され、1冊の中でも繰り返し練習していくので、確実に「基礎力」を身につけることができます。「基礎」が身につくことで、発展的な内容に進むことができるのです。

◎教科書の学習ポイントをおさえられ、言葉の力や表現力も身につけられます。

✓ 勉強管理アプリの活用で、楽しく勉強できる！

◎設定した勉強時間にアラームが鳴るので、学習習慣がしっかりと身につきます。

◎時間や点数などを登録していくと、成績がグラフ化されたり、賞状をもらえたりするので、達成感を得られます。

◎勉強をがんばると、キャラクターとコミュニケーションを取ることができるので、日々のモチベーションが上がります。

学研

毎日のドリルの使《つか》い方《かた》

1 1日《にち》1枚《まい》、集中《しゅうちゅう》して解《と》きましょう。

◎**1回分《かいぶん》は、1枚《まい》（表《おもて》と裏《うら》）です。**

1枚《まい》ずつはがして使《つか》うこともできます。

◎**目標時間《もくひょうじかん》を意識《いしき》して解《と》きましょう。**

アプリのストップウォッチなどで、かかった時間《じかん》を計るとよいでしょう。

・「かくにんテスト」　ここまでの内容《ないよう》が身《み》についたかを確認《かくにん》しましょう。

・「まとめテスト」　最後《さいご》に、この本の内容《ないよう》を総復習《そうふくしゅう》しましょう。

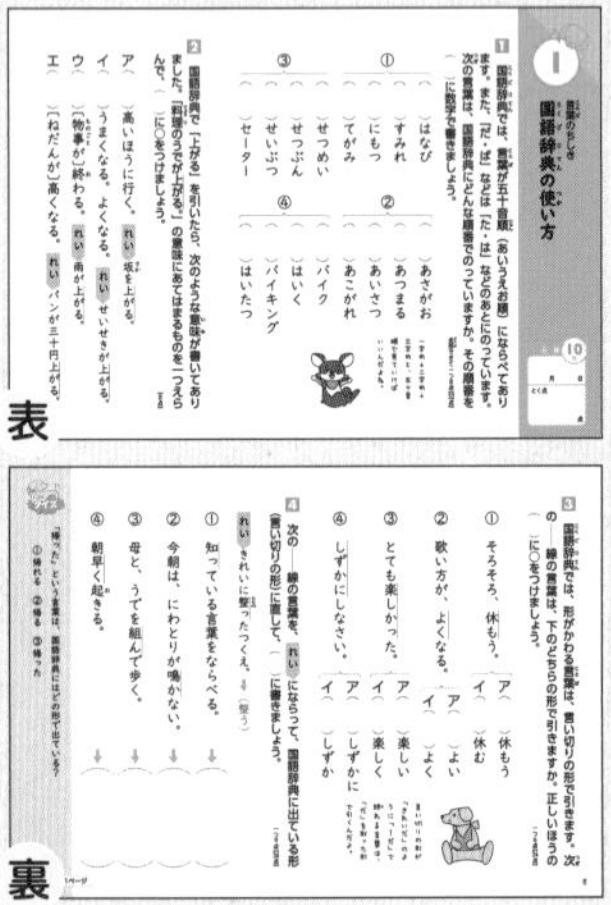

目標時間
表
裏

書く力
・文《ぶん》を書《か》くときに役立《やくだ》つ表現力《ひょうげんりょく》がつく問題《もんだい》です。

読む力
・文章《ぶんしょう》を読《よ》むときに役立《やくだ》つ言葉《ことば》の力《ちから》がつく問題《もんだい》です。

2 おうちの方《かた》に、答《こた》え合《あ》わせをしてもらいましょう。

・本《ほん》の最後《さいご》に、「答《こた》えとアドバイス」があります。

・答《こた》え合《あ》わせをして、点数《てんすう》をつけてもらいましょう。

3 アプリに得点《とくてん》を登録《とうろく》しましょう。

・アプリに得点《とくてん》を登録《とうろく》すると、成績《せいせき》がグラフ化《か》されます。

・勉強《べんきょう》すると、キャラクターが育《そだ》ちます。

できなかった問題《もんだい》を解《と》き直《なお》すと、より力《ちから》がつくよ！

無料ダウンロード

毎日のドリル
勉強管理アプリ

アプリといっしょだと，ドリルが楽《たの》しく進《すす》む!?

コンコン
ぼくのへや
今日《きょう》の分《ぶん》の毎《まい》ドリ終《お》わった?
今《いま》やってるところー
うそはいけないっきゅ!
わっ!?
だれ!?
どこから来《き》たの!?
キミの毎《まい》ドリが進《すす》むようにすばらしいものを持《も》ってきたっきゅ
なになに?
とりあえずやってみるっきゅ
ストップウォッチスタート!!
おっ!
時間《じかん》をはかってくれるんだ!
0分21秒
目標：15分00秒
よーしっ!!
できたーーっ!!
いつもよりどんどん解《と》けた気《き》がする!
時間《じかん》を意識《いしき》してるから集中《しゅうちゅう》できるんだっきゅ!
さらに!
得点《とくてん》をアプリに入力《にゅうりょく》するとグラフになるんだ!
すっげー!!
この「1」ってなんだろ?
タッチしてみるっきゅ
一回《いっかい》終《お》わるごとにぼくがエサを食《た》べられるんだっきゅ
ポーン
ドリルを進《すす》めるとかっこいいわざをおぼえたりすてきな部屋《へや》が手《て》に入《はい》ったりするよ
よーしっ
あしたもがんばるぞ!
二《に》か月後《げつご》
よっしゃー!!
ドリルが終《お》わったぞ!
一冊《いっさつ》やりきったら賞状《しょうじょう》とメダルがもらえたよ!
賞状
ぼくどの
あなたは、3年「かけ算」をしゅうりょうしましたので、ここにこれをしょうします。たいへん、すばらしいです!
次《つぎ》はどのドリルに挑戦《ちょうせん》しようかな!

毎日のドリル 勉強管理アプリ

「毎日《まいにち》のドリル」シリーズ専用《せんよう》，スマートフォン・タブレットで使《つか》える無料《むりょう》アプリです。
1つのアプリでシリーズすべてを管理《かんり》でき，学習習慣《がくしゅうしゅうかん》が楽《たの》しく身《み》につきます。

1 「毎日《まいにち》のドリル」の学習《がくしゅう》を徹底《てってい》サポート！

毎日《まいにち》の勉強《べんきょう》タイムをお知《し》らせする
「タイマー」

かかった時間《じかん》を計《はか》る
「ストップウォッチ」

勉強《べんきょう》した日《ひ》を記録《きろく》する
「カレンダー」

入力した得点《とくてん》を
「グラフ化」

勉強中《べんきょうちゅう》
0分20秒
目標：15分00秒
いったん ていし
ストップウォッチ
ストップ！
目標時間《もくひょうじかん》を意識《いしき》しよう！

2 キャラクターと楽《たの》しく学《まな》べる！

好《す》きなキャラクターを選《えら》ぶことができます。勉強《べんきょう》をがんばるとキャラクターが育《そだ》ち，「ひみつ」や「ワザ」が増《ふ》えます。

さかだちは とくいだ
21

3 1冊《さつ》終《お》わると，ごほうびがもらえる！

ドリルが1冊終《さつお》わるごとに，賞状《しょうじょう》やメダル，称号《しょうごう》がもらえます。

勉強《べんきょう》するドリルを選《えら》ぼう
ひらがな・カタカナ
1年
国語
かん字
1年
国語
たしざん
1年
算数
すう・りょう・ずけい
全科
かん字

これは やる気《き》がでるっきゅ！

4 漢字《かんじ》と英単語《えいたんご》のゲームにチャレンジ！

ゲームで，どこでも手軽《てがる》に，楽《たの》しく勉強《べんきょう》できます。漢字《かんじ》は学年別《がくねんべつ》，英単語《えいたんご》はレベル別《べつ》に構成《こうせい》されており，ドリルで勉強《べんきょう》した内容《ないよう》の確認《かくにん》にもなります。

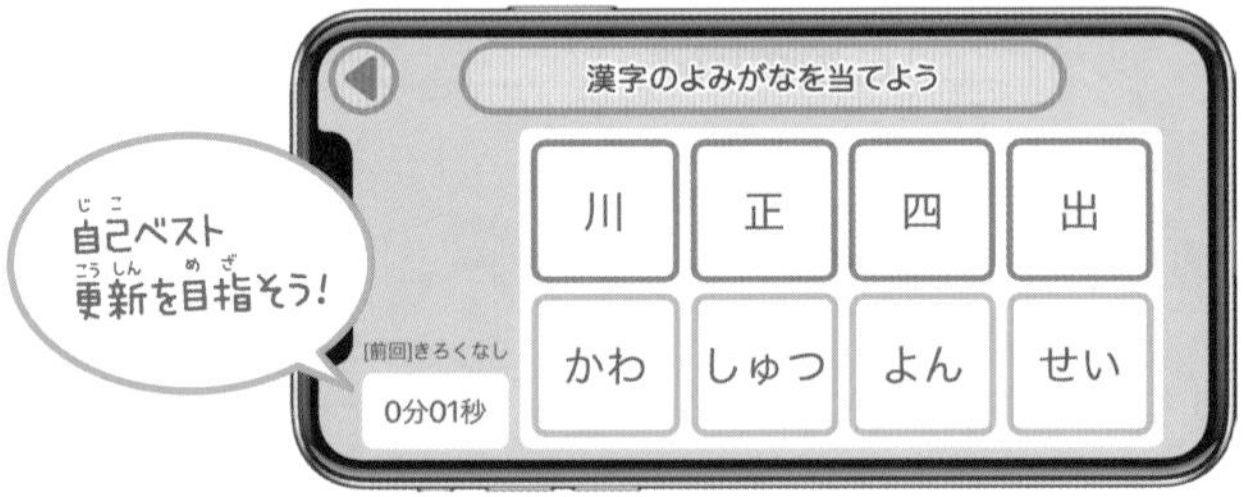

漢字のよみがなを当てよう
川
正
四
出
かわ
しゅつ
よん
せい
自己《じこ》ベスト更新《こうしん》を目指《めざ》そう！
[前回]きろくなし
0分01秒

アプリの無料《むりょう》ダウンロードはこちらから！

https://gakken-ep.jp/extra/maidori/

【推奨環境】
■ 各種Android端末：対応OS Android6.0以上　※対応OSであっても，Intel CPU（x86 Atom）搭載の端末では正しく動作しない場合があります。
■ 各種iOS（iPadOS）端末：対応OS iOS10以上　※対応OS や対応機種については，各ストアでご確認ください。
※お客様のネット環境および携帯端末によりアプリをご利用できない場合，当社は責任を負いかねます。ご理解，ご了承いただきますよう，お願いいたします。

1

言葉《ことば》のちしき 国語《こく》辞典《じてん》の使《つか》い方

目標《もくひょう》 10分

月　日

とく点　点

1

国語辞典《こくごじてん》では、言葉《ことば》が五十音順《じゅん》（あいうえお順）にならべてあります。また、「だ・ば」などは「た・は」などのあとにのっています。次《つぎ》の言葉は、国語辞典にどんな順番でのっていますか。その順番を（　）に数字で書きましょう。

全部《ぜんぶ》できて一つ8点【32点】

①
（　）はなび
（　）すみれ
（　）にもつ
（　）てがみ

②
（　）あさがお
（　）あつまる
（　）あいさつ
（　）あこがれ

③
（　）せつめい
（　）せつぶん
（　）せいぶつ
（　）セーター

④
（　）バイク
（　）はいく
（　）バイキング
（　）はいたつ

一字め→二字め→三字めと、五十音順で見ていけばいいんだよね。

2

国語辞典で「上がる」を引いたら、次のような意味《いみ》が書いてありました。「料理《りょうり》のうでが上がる。」の意味にあてはまるものを一つえらんで、（　）に○をつけましょう。【8点】

ア（　）高いほうに行く。　れい　坂《さか》を上がる。

イ（　）うまくなる。よくなる。　れい　せいせきが上がる。

ウ（　）〔物事《ものごと》が〕終《お》わる。　れい　雨が上がる。

エ（　）〔ねだんが〕高くなる。　れい　パンが三十円上がる。

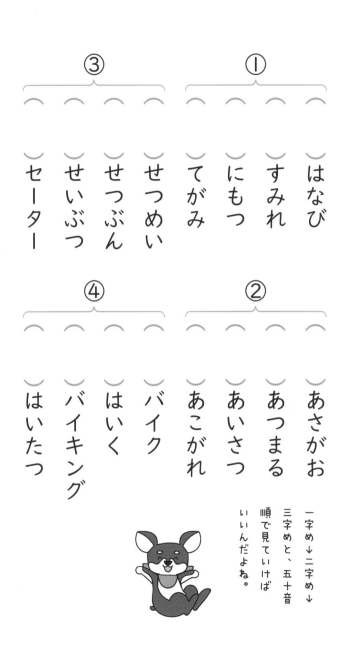

3 国語辞典《こくごじてん》では、形がかわる言葉《ことば》は、言い切りの形で引きます。次《つぎ》の——線の言葉は、下のどちらの形で引きますか。正しいほうの（　）に○をつけましょう。

一つ6点【24点】

① そろそろ、休もう。　ア（　）休もう　イ（　）休む

② 歌い方が、よくなる。　ア（　）よい　イ（　）よく

③ とても楽しかった。　ア（　）楽しい　イ（　）楽しく

④ しずかにしなさい。　ア（　）しずかに　イ（　）しずか

言い切りの形が「きれいだ」のように「〜だ」で終《お》わる言葉は、「だ」を取《と》った形で引くんだよ。

4 次の——線の言葉を、れいにならって、国語辞典に出ている形（言い切りの形）に直して、（　）に書きましょう。

一つ9点【36点】

れい　きれいに整《ととの》ったつくえ。→（整う）

① 知っている言葉をならべる。→（　）

② 今朝は、にわとりが鳴かない。→（　）

③ 母と、うでを組んで歩く。→（　）

④ 朝早く起《お》きる。→（　）

クイズ

「帰った」という言葉は、国語辞典にはどの形で出ている？

① 帰れる　② 帰る　③ 帰った

答え ▶ 81ページ

きせつの言葉

目標《もくひょう》 10分

月　日

とく点　　点

1

次《つぎ》の言葉《ことば》とつながりの深《ふか》いきせつを下から一つずつえらんで、線でつなぎましょう。（同じきせつを二度《にど》えらんでもよいです。）　一つ5点【40点】

① プール
② おひなさま
③ 年こしそば
④ 十五夜
⑤ 花見
⑥ こたつ
⑦ すすき
⑧ そうめん

春
夏
秋
冬

それぞれ、どのきせつに見たり食べたりするのかを考えてね。

2

次のきせつと、あまりつながりのない言葉を、下から一つずつえらんで、□に記号《きごう》を書きましょう。　一つ5点【15点】

① 【春】　ア つばめ　イ 木《こ》の芽《め》　ウ たんぽぽ　エ 大空　□
② 【秋】　ア ゆめ　イ くり　ウ もみじ　エ こおろぎ　□
③ 【冬】　ア ストーブ　イ ぼうし　ウ 豆《まめ》まき　エ 北風　□

3

次《つぎ》の〔　〕の四つの言葉《ことば》のうち、一つだけつながりの深《ふか》いきせつがちがうものがあります。それをえらんで◯でかこみ、その言葉とつながりの深いきせつを□に書きましょう。

両方《りょうほう》できて一つ7点【21点】

① 〔うぐいす　さくら　ゆかた　おたまじゃくし〕 □

② 〔入道雲　スキー　かぶと虫　うちわ〕 □

③ 〔ひばり　月見　コスモス　いねかり〕 □

なかま外れの言葉とつながりの深いきせつを、答えてね。

読む力

4

次の文から、きせつがわかる言葉を（　）に一つ書き出し、そのきせつを□に書きましょう。

両方できて一つ8点【24点】

① ごはんを食べたあと、雪かきの手つだいをした。

きせつがわかる言葉（　　　）　きせつ □

② 明日、近所《きんじょ》の神社《じんじゃ》で、ぼんおどりが行われる。

きせつがわかる言葉（　　　）　きせつ □

③ おつかいに行き、食パンとぶどうを買った。

きせつがわかる言葉（　　　）　きせつ □

クイズ

冬至《とうじ》（一年でもっとも夜が長い日）に食べると、かぜをひかないといわれているのは？

① かぼちゃ　② おしるこ　③ おはぎ

答え ▷ 81ページ

俳句《はいく》に親しむ①

目標《もくひょう》 10分

月　日

とく点　　点

1 次《つぎ》の二つの俳句《はいく》を、言葉《ことば》のまとまりごとに二か所《しょ》で切って読むと、どちらも同じ音数のまとまりで切れます。何音ずつのまとまりで切れますか。□から一つえらんで、□に記号《きごう》を書きましょう。【10点】

● かき食えば鐘《かね》が鳴るなり法隆寺《ほうりゅうじ》　正岡子規《まさおかしき》

● 名月をとってくれろと泣《な》く子かな　小林一茶《こばやしいっさ》

ア　五音・三音・四音

イ　五音・七音・五音

ウ　七音・五音・七音

文字の数ではなくて、発音《はつおん》したときの音数だよ。「りゅ」は二字で一音、小さい「っ」は一字で一音と数えてね。

□

2 次の俳句は、どこで切って読むと、調子《ちょうし》よく読めますか。れいにならって、二か所の切れ目に／を入れましょう。 両方《りょうほう》できて一つ14点【42点】

れい　さみだれや／大河《たいが》を前に／家二軒《にけん》　与謝蕪村《よさぶそん》

① 閑《しず》かさや岩にしみ入《い》る蟬《せみ》の声　松尾芭蕉《まつおばしょう》

② いくたびも雪の深《ふか》さをたずねけり　正岡子規《まさおかしき》

③ えりまきに首引き入れて冬の月　杉山杉風《すぎやまさんぷう》

3 次《つぎ》の俳句《はいく》の、はじめの五音を（　）に書き出しましょう。

一つ10点【20点】

① ひっぱれる糸まっすぐやかぶと虫　高野素十《たかのすじゅう》

（　　　）

② せきの子のなぞなぞ遊《あそ》びきりもなや《きりがないなあ》　中村汀女《なかむらていじょ》

（　　　）

4 次の〔　〕の二つの俳句は、同じきせつの場面《ばめん》をよんでいます。そのきせつを□に書きましょう。

一つ14点【28点】

① 〔ひやけ顔見合いてうまし氷水《こおりみず》　水原秋桜子《みずはらしゅうおうし》
こころよき青葉《あおば》の風や旅《たび》すがた　正岡子規《まさおかしき》〕

② 〔雪とけて村いっぱいの子どもかな　小林一茶《こばやしいっさ》
ゆさゆさと大枝《おおえだ》ゆるる《ゆれる》桜《さくら》かな　村上鬼城《むらかみきじょう》〕

① □

② □

きせつを表《あらわ》している言葉《ことば》をさがしてね。

クイズ

次のうち、冬の季語《きご》（冬を表す言葉）はどれ？

① りんご　② みかん　③ いちご

答え ▶ 81ページ

言葉《ことば》のちしき

4 俳句《はいく》に親しむ②

目標《もくひょう》 10分

月　日

とく点　　点

1 次《つぎ》の俳句《はいく》が表《あらわ》している場面《ばめん》を□から一つえらんで、□に記号《きごう》を書きましょう。【10点】

● 遠山《とおやま》に日の当たりたる枯野《かれの》かな　高浜虚子《たかはまきょし》

ア　秋の空は青くすんで、遠くに雪山がかがやいている。

イ　夏の日ざしが、青々《あおあお》とした野原に当たってまぶしい。

ウ　冬の日が遠くの山に当たり、目の前は一面の枯《か》れ野原だ。

□

2 次の①・②のことをよんだ俳句を□から一つずつえらんで、□に記号を書きましょう。一つ15点【30点】

①　広々《ひろびろ》とした春のけしきの美《うつく》しさ。 □

②　弱いものをおうえんする気持《きも》ち。 □

ア　さみだれを集《あつ》めて早し最上川《もがみがわ》　松尾芭蕉《まつおばしょう》

イ　菜《な》の花や月は東に日は西に　与謝蕪村《よさぶそん》

ウ　やせ蛙《がえる》負《ま》けるな一茶《いっさ》これにあり　小林一茶《こばやしいっさ》

エ　青蛙おのれも《おまえも》ペンキぬりたてか　芥川龍之介《あくたがわりゅうのすけ》

①は風景《ふうけい》、②は作者《さくしゃ》の気持ちに注目《ちゅうもく》して、ア〜エからえらぼう。

3

俳句《はいく》には季語《きご》（きせつを表《あらわ》す言葉《ことば》）が一つ入っています。次《つぎ》の俳句の季語を（　）に、その季語が表すきせつを□に書きましょう。

両方《りょうほう》できて一つ15点【45点】

① 山路《やまじ》来て何やらゆかしすみれ草《ぐさ》　松尾芭蕉《まつおばしょう》

心がひかれるなあ

季語（　　）　きせつ □

② 赤とんぼ筑波《つくば》に雲もなかりけり　正岡子規《まさおかしき》

筑波の山には雲一つかかっていない青空だ

季語（　　）　きせつ □

③ やれ打《う》つなはえが手をすり足をする　小林一茶《こばやしいっさ》

季語（　　）　きせつ □

4

書く力　読む力

次の俳句は、何がどうするしゅんかんをよんだものですか。▮にあてはまる言葉を、（　）に書きましょう。【15点】

● はねわっててんとう虫のとびいずる　高野素十《たかのすじゅう》

はねを広げて、▮しゅんかん。

（　　）

クイズ

「菜《な》の花や月は東に日は西に」の俳句によまれている風景《ふうけい》は、一日のうちのいつ？

①朝　②昼　③夕方

答え ▶ 81ページ

言葉《ことば》のちしき

5 短歌《たんか》に親しむ

目標《もくひょう》 10分

月　日

とく点　点

1 短歌《たんか》は、「五・七・五・七・七」の三十一音で作られた短《みじか》い詩《し》です。**れい**にならって、音数のまとまりごとに、四か所の切れ目に―を入れましょう。

全部《ぜんぶ》できて一つ20点【60点】

れい ひさかたの―光のどけき―春の日に―
しづ(ず)心なく―花の散《ち》るらむ(ん)
紀友則《きのとものり》

〔日の光がのどかな春の日に、どうして落《お》ち着《つ》いた心もなく、さくらの花はちっているのだろう。〕

① 天《あま》の原《はら》振《ふ》りさけ見れば春日《かすが》なる
三笠《みかさ》の山に出《い》でし月かも
安倍仲麿《あべのなかまろ》

〔大空を見上げてみると、月が出ている。あれは、昔《むかし》、ふるさとの春日（奈良《なら》）の三笠山に出ていた月と同じなのだなあ。〕

② ほととぎす鳴きつる方《かた》をながむれば
ただ有明《ありあけ》の月ぞ残《のこ》れる
後徳大寺左大臣《ごとくだいじのさだいじん》

〔ほととぎすが鳴いたほうをながめると、（ほととぎすのすがたはもう消《き》えていて、）ただ明け方の月が空にのこっているだけだ。〕

③ この里に手まりつきつつ子どもらと
あそぶ春日《はるひ》は暮《く》れずともよし
良寛《りょうかん》

〔この里で、手まりをついて子どもたちと遊《あそ》ぶ春の日は、日がくれなくてもよい（子どもたちと遊んでいたい）。〕

一音ずつ指《ゆび》をおりながら短歌を読んで、「五・七・五・七・七」に分けよう。

読む力

2

次《つぎ》の短歌《たんか》は、どのような意味《いみ》ですか。[　]にあてはまる言葉《ことば》を、短歌の中から書き出しましょう。【10点】

● 秋来《き》ぬと目にはさやかに見えねども
風の音にぞおどろかれぬる
藤原敏行《ふじわらのとしゆき》

秋が来たと、目にははっきりと見えないけれども、[　]を聞くと秋らしくて、「ああ、秋が来たなあ。」と、はっとした。

（　　　　）

3

次の短歌の[　]に入る言葉を[　]から一つずつえらんで、□に記《き》号《ごう》を書きましょう。
一つ15点【30点】

① 奥山《おくやま》に紅葉《もみじ》踏《ふ》み分け鳴く鹿《しか》の
おく深《ふか》い山で、もみじの葉《は》をふみ分けながら鳴いている鹿の
声聞く時ぞ[　]
声を聞くと
猿丸大夫《さるまるだゆう》 □

② [　]ちぢにものこそ悲《かな》しけれ
あれこれと悲しくなる
わが身《み》ひとつの秋にはあらねど
わたし一人だけに秋が来たわけではないのだけれど
大江千里《おおえのちさと》 □

ア 春すぎて　イ 月見れば
ウ 秋は悲しき　エ 雪はふりつつ

まず、[　]に五音・七音のどちらの言葉が入るかを考えよう。

クイズ

短歌の数え方は？
① 一本、二本　② 一句《いっく》、二句　③ 一首《いっしゅ》、二首

答え ▷ 81ページ

6 言葉《ことば》のちしき ことわざ

目《もく》標《ひょう》 10分

月　日

とく点　　点

1 次《つぎ》の言葉《ことば》が一つのことわざになるように、あとにつづく言葉を下から一つずつえらんで、——線でつなぎましょう。 一つ7点【28点】

① 転《ころ》ばぬ先の ・　・ 水

② 住《す》めば ・　・ つえ

③ ねこに ・　・ こばん

④ やけ石に ・　・ 都《みやこ》

①の「転ばぬ先の」は、「転ばないように前もって」という意味《いみ》だよ。

2 次のことわざの意味を□から一つずつえらんで、□に記号《きごう》を書きましょう。 一つ8点【32点】

① 善《ぜん》は急《いそ》げ □　② 花よりだんご □

③ 急がば回れ □　④ 石の上にも三年 □

ア 急ぐときは、ていねいな方法《ほうほう》をとるほうが、しっぱいしないでかえって早くできる。

イ 見て美《うつく》しいものよりも、役《やく》に立つもののほうがよい。

ウ よいことは、まよわずに、すぐ行うほうがよい。

エ 何事《なにごと》もがまん強くつづければ、せいこうする。

3 次《つぎ》の二つのことわざが、「さるも木から落《お》ちる」と同じ意味《いみ》になるように、（　）にあてはまる漢字《かんじ》一字を、□から一つずつえらんで書きましょう。【一つ10点【20点】

① 弘法《こうぼう》にも（　　）のあやまり

② かっぱの（　　）流《なが》れ

木　川
手　横《よこ》
筆《ふで》　時

4 次の様子《ようす》を表《あらわ》すことわざを、□から一つえらんで、□に記号《きごう》を書きましょう。【10点】

● しっぱいをしないように、用心深《ようじんぶか》く物事《ものごと》を行う様子。　□

ア　おぼれる者《もの》はわらをもつかむ
イ　石橋《いしばし》をたたいてわたる
ウ　ちりもつもれば山となる

書く力

5 次の（　）にあてはまる言葉《ことば》を書いて、――線の「たなからぼたもち」ということわざを正しく使《つか》った文をかんせいさせましょう。【10点】

● もらったたからくじが（　　　　）、たなからぼたもちだ。

クイズ

「七転《ななころ》び□起《お》き」の□に入る数はどれ？

①六　②七　③八

答え ▶ 82ページ

7 言葉《ことば》のちしき

慣用句《かんようく》

目《もく》標《ひょう》10分

月　日

とく点　点

1 次《つぎ》の——線の慣用句《かんようく》の意味《いみ》を、□から一つずつえらんで、□に記号《きごう》を書きましょう。 一つ10点【30点】

① わたしと、となりのクラスのゆかちゃんは馬が合う。

② ドッジボール大会を前にして、うでが鳴る。

③ 決勝《けっしょう》で、両《りょう》チームは手にあせをにぎるたたかいをした。

ア 見ていて、どうなることかと、はらはらする。

イ 自分の力をはっきりしたくて、はりきる。

ウ おたがいに、気持《きも》ちがぴったり合う。

① □　② □　③ □

慣用句とは、二つ以上《いじょう》の言葉《ことば》がむすびついて、あるきまった意味を表《あらわ》す言葉のことだよ。

2 次から、——線の慣用句の使《つか》い方が正しくないものを一つえらんで、□に記号を書きましょう。【10点】

ア 毎日、落《お》ち葉《ば》のそうじをするのは、ほねがおれる。

イ あの人は、ほね身《み》をおしまないではたらく。

ウ とてもさわやかな天気で、ほね身にこたえる。

エ 君《きみ》は、少しほね休めをするほうがいいね。

□

3 次《つぎ》の言葉《ことば》が〔　〕の意味《いみ》を表《あらわ》す慣用句《かんようく》になるように、（　）にあてはまる言葉を、□から一つずつえらんで書きましょう。 一つ10点【30点】

① （　　）のひと声　〔多くの人の意見《いけん》をまとめる、実力者《じつりょくしゃ》のひと声。〕

② （　　）のなみだ　〔とても少ないことのたとえ。〕

③ （　　）二つ　〔顔つきやすがたが、とてもよくにていること。〕

竹　うり　すずめ　つる

4 次の言葉が慣用句になるように、①・②の□にそれぞれ共通《きょうつう》して入る、体の一部《いちぶ》を表す言葉を、漢字《かんじ》一字で書きましょう。 一つ10点【20点】

① □がすべる　□が軽《かる》い　□がうまい　□をはさむ　→ □

② □が回る　□が点になる　□にあまる　□から鼻《はな》にぬける　→ □

書く力

5 「かたを持《も》つ」という慣用句を使《つか》って、短《みじか》い文を作って書きましょう。 【10点】

（　　　　）

クイズ

「お茶をにごす」の意味は？

① ごまかす。　② よごす。　③ 大切にする。

答え ▶ 82ページ

8 言葉《ことば》のちしき

故事成語《こじせいご》

1 次《つぎ》の故事成語《こじせいご》の意味《いみ》を、□から一つずつえらんで、□に記号《きごう》を書きましょう。　一つ12点【60点】

① 五十歩百歩《ごじっぽひゃっぽ》 □

② 蛇足《だそく》 □

③ 矛盾《むじゅん》 □

④ 杞憂《きゆう》 □

⑤ 推敲《すいこう》 □

ア　はじめに話したことと、あとで話したことが、くいちがうこと。

イ　文章《ぶんしょう》や詩《し》をつくるとき、言葉《ことば》や書き表《あらわ》し方を何度《なんど》も考えて、ねり直すこと。

ウ　少しのちがいだけで、実《じっ》さいはほとんど同じであること。

エ　心配《しんぱい》しなくてもよいことを心配すること。

オ　むだなつけ足しや、よけいなもの。

②の「蛇足」は、へびの絵をかいていた人が、最後《さいご》に足をかき足したという出来事《できごと》からできた故事成語だよ。

2

次《つぎ》の①・②は、ある故事成語《こじせいご》の元になった出来事《できごと》です。あてはまる故事成語を□から、その故事成語の意味《いみ》を□から、それぞれ一つずつえらんで、□に記号《きごう》を書きましょう。

一つ10点【40点】

① シギという鳥がハマグリを食べようとしたところ、ハマグリがシギのくちばしをはさんだ。そこへ漁師《りょうし》が来て、両方《りょうほう》ともとらえた。

② 昔《むかし》、中国《ちゅうごく》で、まずしくてランプの油《あぶら》を買えなかった人が、ほたるの光や雪を明かりにして本を読んだ。

ア 蛍雪《けいせつ》の功《こう》　イ 朝三暮四《ちょうさんぼし》
ウ 漁夫《ぎょふ》の利《り》　エ 温故知新《おんこちしん》

あ 幸《しあわ》せや不幸《ふこう》は、予想《よそう》できないものだということ。

い 苦労《くろう》して勉強《べんきょう》をして、やがてせいこうすること。

う 一度《いちど》してしまったことは、取《と》り返《かえ》しがつかないということ。

え 二人があらそっている間に、べつの人がもうけを横取《よこど》りすること。

②の出来事は、集《あつ》めたほたるや、まどべにつもった雪を明かりにしたということだよ。

① 故事成語 □　意味 □

② 故事成語 □　意味 □

クイズ

「五十歩百歩」と意味がにていることわざは？

① どんぐりのせいくらべ　② 月とすっぽん　③ ぶたにしんじゅ

答え ▶ 82ページ

9 かくにんテスト①

名前

目標《もくひょう》 15分

月　日

とく点　　点

1 次《つぎ》の——線①〜④の言葉《ことば》を、国語辞典《こくごじてん》に出ている形に直して、（　）に書きましょう。 一つ6点【24点】

先週、ぼくたちは山に①登《のぼ》った。山の上では、②さわやかな風が③ふいていて、気持《きも》ちがよかった。とても④楽しかったので、また山に行きたい。

①（　　）　②（　　）

③（　　）　④（　　）

2 次の〔　〕の二つの言葉は、春・夏・秋・冬のうちの、どのきせつとつながりが深《ふか》いですか。□にそのきせつを書きましょう。 一つ6点【24点】

① 〔おでん　コート〕 □

② 〔つくし　ちょう〕 □

③ 〔さんま　落《お》ち葉《ば》〕 □

④ 〔日がさ　海開《うみびら》き〕 □

3 次の俳句《はいく》から季語《きご》をさがして、横《よこ》に——線を引きましょう。また、そのきせつを□に書きましょう。 両方《りょうほう》できて一つ8点【16点】

① ひっぱれる糸まっすぐやかぶと虫　高野素十《たかのすじゅう》 □

② 名月をとってくれろと泣《な》く子かな　小林一茶《こばやしいっさ》 □

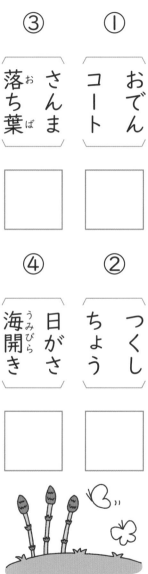

4 次《つぎ》の短歌《たんか》の［　］に入る言葉《ことば》を［　］から一つずつえらんで、□に記《き》号《ごう》を書きましょう。　一つ6点【12点】

① ひさかたの光のどけき［　］
日の光がのどかな
しづ(ず)心なく花の散《ち》るらむ(ん)
どうして落《お》ち着《つ》いた心もなく、さくらの花はちっているのだろう
紀友則《きのとものり》　□

② 奥山《おくやま》に紅葉《もみじ》踏《ふ》み分け［　］
おく深《ふか》い山で、もみじの葉《は》をふみ分けながら
声聞く時ぞ秋は悲《かな》しき
声を聞くと、秋の悲しみがいっそう感《かん》じられる
猿丸大夫《さるまるだゆう》　□

ア　ながむれば
イ　鳴く鹿《しか》の
ウ　子どもらと
エ　春の日に

5 次の――線①はことわざ、――線②は慣用句《かんようく》、――線③は故事《こじ》成語《せいご》です。それぞれの［　］にあてはまる言葉を（　）に漢字《かんじ》で書きましょう。　一つ8点【24点】

ゆうすけ君《くん》は、しょうぎがとてもすきだ。「①すきこそものの［　］なれ」で、めきめき強くなった。しょうぎについては、ぼくはゆうすけ君に「②［　］が上がらない」。

ぼくもうまくなりたくて、父に教えてもらおうと思ったが、父とぼくのしょうぎの実力《じつりょく》は「③五十歩［　］」だった。

①（　　）

②（　　）

③（　　）

答え ▶ 82ページ

10 言葉《ことば》のちしき ローマ字①

目標《もくひょう》 10分

月　日

とく点　点

1 次《つぎ》のローマ字の言葉《ことば》をひらがなで書きましょう。

一つ3点【18点】

① hato (　　　)

② yane (　　　)

③ mado (　　　)

④ isu (　　　)

⑤ ari (　　　)

⑥ bin (　　　)

③の「d」はダ行の音を、⑥の「b」はバ行の音を表《あらわ》すよ。

2 次のひらがなの言葉をローマ字で書きましょう。

一つ4点【32点】

① えき

② なつ

③ わし

④ かば

⑤ のはら

⑥ ふくろ

⑦ めもり

⑧ うさぎ

3 次《つぎ》のローマ字の言葉《ことば》をひらがなで書きましょう。

一つ3点【18点】

① syasin
(　　　　)

② tyokin
(　　　　)

③ tosyokan
(　　　　)

④ otôsan
(　　　　)

⑤ kûki
(　　　　)

⑥ kyôryû
(　　　　)

「きゃ・きゅ・きょ」などの音《おん》は「kya・kyu・kyo」のように、「y」を入れた三字で書き表《あらわ》すよ。

のばす音を書き表すときは、「a・i・u・e・o」の上に「^」をつけるんだよ。

4 次のひらがなの言葉をローマ字で書きましょう。

一つ4点【32点】

① おかあさん

② おとうと

③ おおかみ

④ でんしゃ

⑤ ちゃわん

⑥ きょくせん

⑦ きんぎょ

⑧ しゅうじ

クイズ

次の言葉のうち、ローマ字で書くときに「^」をつけるのはどれ？

① 算数　② 国語　③ 社会

答え ▶ 82ページ

11

言葉《ことば》のちしき

ローマ字②

目標《もくひょう》 10分

月　日

とく点

点

1 次《つぎ》は、ローマ字のしりとりになっています。ローマ字の言葉《ことば》はひらがなで書き、ひらがなの言葉はローマ字で書きましょう。

一つ3点【30点】

① hagaki

(　　　)

② きって

③ てんとうむし

④ sippai

(　　　)

⑤ いもうと

⑥ とうふ

⑦ hûsya

(　　　)

⑧ しゃこ

⑨ kon'ya

(　　　)

⑩ やきゅう

つまる音《おん》「っ」は、次に来る音のはじめの字を重《かさ》ねて書くよ。

れい　きっぷ → kippu

2 次《つぎ》のローマ字の言葉《ことば》をひらがなで書きましょう。

一つ5点【30点】

① rappa （　　　）

② gakkô （　　　）

③ zikken （　　　）

④ tôdai （　　　）

⑤ hûsen （　　　）

⑥ hon’ya （　　　）

はねる音《おん》【ん（n）】のあとに、「a・i・u・e・o」や「y」がつづくときは、「n」の次に「’」をつけよう。「’」をつけないと、たとえば⑥は、「ほにゃ」と読めてしまうよ。

3 次のひらがなの言葉をローマ字で書きましょう。

一つ5点【40点】

① しっぽ

② にっき

③ たんい

④ はっぴょう

⑤ たっきゅう

⑥ ざっし

⑦ せんぷうき

⑧ きんいろ

クイズ

次のうち、空をとべるのはどれ？

① byô

② hyô

③ tyô

答え ▶ 83ページ

言葉《ことば》のちしき

ローマ字③

目標《もくひょう》 10分

月　日

とく点　　点

1 次《つぎ》の地名をローマ字で書くと、ア・イのどちらが正しいですか。（　）に○をつけましょう。　一つ5点【15点】

① 青森県《あおもりけん》

ア（　　）aomori-ken

イ（　　）Aomori-ken

② 東京都《とうきょうと》

ア（　　）Tôkyô-to

イ（　　）Tôkyo-to

③ 三重県《みえけん》

ア（　　）Mie-Ken

イ（　　）Mie-ken

地名や人の名前をローマ字で書くときは、一字めを大文字にしてね。

2 次の地名をローマ字で書きましょう。（うすいローマ字はなぞりましょう。）　一つ7点【35点】

① 札幌市《さっぽろし》

-si

② 京都府《きょうとふ》

-hu

③ 鳥取県《とっとりけん》

-ken

④ 香川県《かがわけん》

⑤ 九州《きゅうしゅう》

3 次《つぎ》の人の名前を、ローマ字はひらがなで、ひらがなはローマ字で書きましょう。

一つ5点【20点】

① Miyata Aiko

(　　　　)

② Satô Sin'iti

(　　　　)

③ うえくさ　ひろと

④ もり　きょうこ

4 次の——線の言葉《ことば》を、ローマ字はひらがなで、漢字《かんじ》やひらがなはローマ字で書きましょう。

一つ5点【30点】

先週の①土曜日，②Sikokuの③みちこおばさんと電話で話をした。おばさんは④Ehime県《けん》の松山市《まつやまし》に住《す》んでいて，そこではもうさくらがさいているらしい。来週，⑤奈良《なら》と⑥Ôsakaへ行くそうだ。

①

②(　　　　)

③

④(　　　　)

⑤

⑥(　　　　)

クイズ

ローマ字で、はじめの文字を大文字で書かないのはどれ？

① 地名　② くだものの名前　③ 人の名前

答え ▶ 83ページ

目標《もくひょう》 10分

月　日
とく点　点

1 次《つぎ》の――線の部分《ぶぶん》を、ローマ字のもう一つの書き方にして、全体《ぜんたい》を書き直しましょう。（うすいローマ字はなぞりましょう。）

一つ6点【30点】

① Huzi-san
F

② syasin
sh

③ zyôro
j

④ tizu
ch

⑤ tuki
ts

2 次の地名を、すべてローマ字の大文字で書きましょう。□の字は、「H」の入った書き方で書きましょう。

一つ5点【20点】

① いわて

② ひろしま

③ うえの

④ よっかいち

地名などは、すべてを大文字で書くこともあるよ。
2の問題《もんだい》でも、すべてを大文字で書こう。

3

次《つぎ》のひらがなをコンピュータで入力するとき、どのキーを打《う》ちますか。□にあてはまるローマ字を大文字で書きましょう。

一つ6点【30点】

① し　S I　または、　□□□

② ち　T I　または、　□□□

③ じゅ　Z Y U　または、　□□

④ を　□□

⑤ ん　□□

4

次の——線のローマ字の住所《じゅうしょ》と名前を、ひらがなで書きましょう。

一つ5点【20点】

①Tôkyô-to　②Chûô-ku

③Ginza　3-○

④Aizawa Ken’ya

④は「お」にならないように、⑤は「n」一つだけにならないように打つんだね。

①（　　　　）

②（　　　　）

③（　　　　）

④（　　　　）

クイズ

ローマ字での書き方が二つあるのはどれ？

①す　②つ　③へ

答え ▶ 83ページ

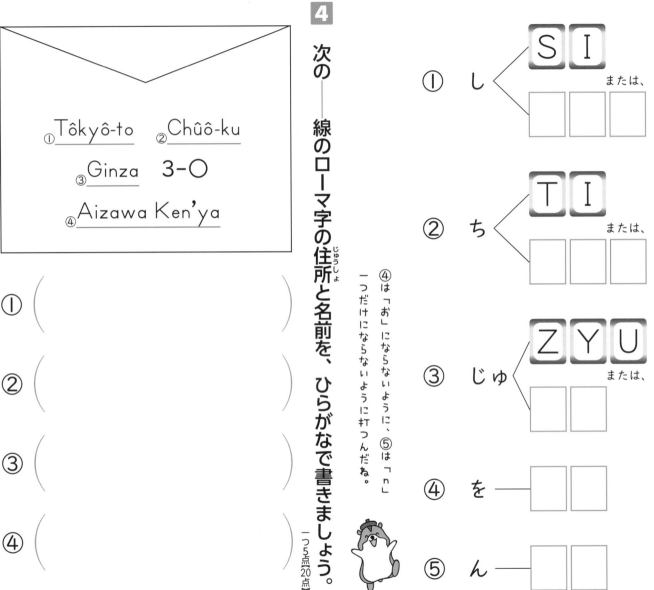

14 かくにんテスト②

名前

目標《もくひょう》 15分

月　日

とく点　点

1 次《つぎ》の――線の言葉《ことば》を、ローマ字はひらがなで、漢字《かん》《じ》やひらがなはローマ字で書きましょう。　一つ5点【30点】

①しんやは，②Hyôgo-kenから③千葉《ちば》市《し》に引っこしてきた。

しんやは，いつも，④gyûnyûを⑤こっぷ1ぱい飲《の》んでから，⑥登校《とうこう》してくる。

①

②（　　）

③

④（　　）

⑤

⑥

2 次のひらがなの言葉をローマ字で書くと、ア・イのどちらが正しいですか。（　）に○をつけましょう。　一つ5点【15点】

① おばあさん
- ア（　）obaasan
- イ（　）obâsan

② ねっこ
- ア（　）nekko
- イ（　）neko

③ ぱんや
- ア（　）panya
- イ（　）pan'ya

3 次《つぎ》のローマ字の書き方には、まちがいがあります。正しく書き直しましょう。

一つ5点【25点】

① kinyôbi
（きんようび）

② onisan
（おにいさん）

③ gakyu
（がっきゅう）

④ shôgako
（しょうがっこう）

⑤ Osaka
（おおさか）

4 次のにた言葉《ことば》を、ローマ字で正しく書き分けましょう。

一つ5点【30点】

① ㋐ にんぎょ
㋑ にんぎょう

② ㋐ じけん
㋑ じっけん

③ ㋐ びよういん
㋑ びょういん

答え ▶ 83ページ

15

文のきまり

言葉《ことば》のなかま分け

目標《もくひょう》 10分

月　日

とく点

点

1 次《つぎ》の言葉《ことば》のなかまにあてはまるものを、あとから二つずつえらんで、（　）に○をつけましょう。

一つ5点【30点】

① ものやことがらを表《あらわ》す言葉

ア（　）まど　イ（　）つめたい

ウ（　）わらう　エ（　）遠足

② 動《うご》きを表す言葉

ア（　）にぎやかだ　イ（　）走る

ウ（　）読む　エ（　）明るい

③ 様子《ようす》を表す言葉

ア（　）遊《あそ》ぶ　イ（　）つくえ

ウ（　）おもしろい　エ（　）じょうぶだ

①は、ものを表す言葉と、ことがらを表す言葉を一つずつえらぼう。

2 次の言葉と同じなかまの言葉を下から一つずつえらんで、□に記号《きごう》を書きましょう。

一つ5点【15点】

① 赤い　ア 泳《およ》ぐ　イ ほす　ウ 暗《くら》い　エ 打《う》つ　□

② きりん　ア 田んぼ　イ 歌う　ウ 切る　エ 長い　□

③ 会う　ア かばん　イ ほがらかだ　ウ すずしい　エ よろこぶ　□

3

次《つぎ》の〔　〕の言葉《ことば》は、①〜③のどの言葉のなかまですか。三つずつえらんで、（　）に書きましょう。

一つ5点【45点】

〔乗《の》る　いちご　食べる　おそい　コップ　しずかだ　研究《けんきゅう》　あらう　おいしい〕

① ものやことがらを表《あらわ》す言葉　（　　）・（　　）・（　　）

② 動《うご》きを表す言葉　（　　）・（　　）・（　　）

③ 様子《ようす》を表す言葉　（　　）・（　　）・（　　）

4

次の〔　〕の四つの言葉は、同じなかまの言葉です。そのとくちょうを□からえらんで、□に記号《きごう》を書きましょう。

一つ5点【10点】

① 〔書く　勝《か》つ　すわる　言う〕　□

② 〔太い　悲《かな》しい　親切だ　きれいだ〕　□

ア　言い切りの形が「〜い」や「〜だ」で終《お》わる。

イ　言い切りの形が五十音のウだんの音《おん》で終わる。

それぞれの言葉の最後《さいご》の一字に注目《ちゅうもく》しよう。

クイズ

送《おく》りがなを一字つけると、「様子を表す言葉」になる漢字《かんじ》はどれ？

①思　②近　③作

答え ▷ 84ページ

16 文のきまり 動《うご》きを表《あらわ》す言葉《ことば》

目標《もくひょう》 10分

月　日

とく点　　点

1 次《つぎ》の言葉《ことば》につづく動《うご》きを表《あらわ》す言葉を、下から一つずつえらんで、——線でつなぎましょう。 一つ5点【25点】

① つめたいミルクを ・　・ ア 開《あ》ける。

② 赤信号《あかしんごう》のときは ・　・ イ 飲《の》む。

③ ろうそくの火を ・　・ ウ 拾《ひろ》う。

④ 部屋《へや》のまどを ・　・ エ 止まる。

⑤ 道で、百円玉を ・　・ オ 消《け》す。

意味《いみ》がわかる文になるようにつなごう。

2 次の絵に合う文を、れい にならって、動きを表す言葉を使《つか》って書きましょう。 一つ8点【16点】

れい

（母がすいかを切る。）

①

先生が（　　　　）

②

弟が（　　　　）

書く力
3 動《うご》きを表《あらわ》す言葉《ことば》である「歩く」を、れい にならって、（　）に合う形に直して書きましょう。

一つ7点【35点】

れい そんなに速《はや》く（歩か）ないでください。

① 父は、毎朝、駅《えき》まで（　　）ます。

② たくさん（　　）ことは、体によいそうだ。

③ 五分くらい（　　）ば、その場所《ばしょ》に着《つ》きます。

④ 元気を出して、山の上まで（　　）う。

⑤ この道は、一度《いちど》も（　　）たことがない。

4 次《つぎ》の――線の動きを表す言葉を、れい にならって、言い切りの形に直して（　）に書きましょう。

一つ8点【24点】

れい 手紙を書いた。→（書く）

① 日時が決《き》まったら、教えてね。→（　　）

② よく遊《あそ》び、よく学べ。→（　　）

③ ここに住《す》んで、三年になる。→（　　）

クイズ

「負《ま》ける」と同じ意味《いみ》の言葉はどれ？

①やぶく ②やぶる ③やぶれる

答え ▶ 84ページ

様子《ようす》を表《あらわ》す言葉《ことば》①

目《もく》標《ひょう》 10分

月　日

とく点　点

1 次《つぎ》の文から、様子《ようす》を表《あらわ》す言葉《ことば》を一つずつえらんで、□に記号《きごう》を書きましょう。 一つ7点【21点】

① ア かわいい イ タオルを ウ 使《つか》う。 □

② ア 姉が イ やさしく ウ ほほえむ。 □

③ ア 海に イ しずむ ウ 夕日が エ 美《うつく》しい。 □

2 様子を表す言葉である「楽しい」を、れい にならって、（　）に合う形で書きましょう。 一つ6点【30点】

れい 楽し（かろ）う。

① 楽し（　　）た。

② 楽し（　　）なる。

③ 楽し（　　）らしい。

④ 楽し（　　）話。

⑤ 楽し（　　）ば、聞こう。

「悲《かな》しい」という言葉では、「悲しかった。」「悲しくなる。」「悲しいらしい。」「悲しい話。」「悲しければ、～。」のように形がかわるよ。「楽しい」も同じように形がかわるよ。

書く力

3 次《つぎ》の［　］の様子《ようす》を表《あらわ》す言葉《ことば》を、（　）に合う形に直して書きましょう。

一つ7点【28点】

① 白い

㋐ 部屋《へや》のかべを（　　）ぬる。

㋑ その犬は、しっぽも（　　）た。

② くやしい

㋐ （　　）ば、練習《れんしゅう》しなさい。

㋑ しあいに負《ま》けて、（　　）た。

4 次の――線の様子を表す言葉を、れいにならって、言い切りの形に直して（　）に書きましょう。

一つ7点【21点】

れい 荷物《にもつ》が重《おも》かったので、バスに乗《の》った。 → （重い）

① そのなしは、とてもあまかった。 → （　　）

② だんだんこわくなってきた。 → （　　）

③ ひとりでは、さびしかろう。 → （　　）

クイズ

「気温《きおん》がひくい様子」を表す言葉はどれ？

① つめたい　② ひやす　③ さむい

答え ▶ 84ページ

18 様子《ようす》を表《あらわ》す言葉《ことば》②

目標《もくひょう》 10分

月　日

とく点　　点

1 次《つぎ》の文から、様子《ようす》を表《あらわ》す言葉《ことば》を一つずつえらんで、□に記号《きごう》を書きましょう。　一つ6点【18点】

① ア朝は　イ気分が　ウさわやかだ。

② アみんなで　イにぎやかに　ウすごす。

③ アべんりな　イ道具《どうぐ》を　ウ使《つか》う。

□　□　□

2 様子を表す言葉である「しずかだ」を、れいにならって、（　）に合う形で書きましょう。　一つ6点【36点】

れい　しずか（だろ）う。

① しずか（　　）た。

② しずか（　　）ある。

③ しずか（　　）なる。

④ しずか（　　）そうだ。

⑤ しずか（　　）湖《みずうみ》。

⑥ しずか（　　）ば、行こう。

「きれいだ」という言葉では、

「きれいだった。」

「きれいである。」

「きれいになる。」

「きれいだそうだ。」

「きれいな湖。」

「きれいならば、〜。」のように
形がかわるよ。「しずかだ」も
同じように形がかわるよ。

書く力

3 次《つぎ》の　　の様子《ようす》を表《あらわ》す言葉《ことば》を、（　）に合う形に直して書きましょう。

一つ7点【28点】

① きれいだ
- ㋐ 部屋《へや》を（　　）かたづける。
- ㋑（　　）歌声が聞こえる。

② 元気だ
- ㋐ 友だちと公園で（　　）遊《あそ》ぶ。
- ㋑（　　）ば、いっしょに行こう。

4 次の——線の様子を表す言葉を、れいにならって、言い切りの形に直して（　）に書きましょう。

一つ6点【18点】

れい 今日の海は、とてもしずかだった。 ↓（しずかだ）

① 親切な人に、道を教わる。 ↓（　　）

② わたしの妹は、すなおである。 ↓（　　）

③ 友だちがほがらかにわらう。 ↓（　　）

クイズ

「のんびりとして、しずかな様子」という意味《いみ》の言葉はどれ？

① おだやかだ　② さわやかだ　③ すてきだ

答え ▶ 84ページ

19 かくにんテスト③

名前

目標《もくひょう》 15分

月　日

とく点　点

読む力

1 次《つぎ》の文章《ぶんしょう》から、様子《ようす》を表《あらわ》す言葉《ことば》を三つさがして、（　）に書きましょう。 一つ6点【18点】

使《つか》っていた筆箱《ふでばこ》がこわれてしまったので、新しいものを買ってもらった。これまで使っていた筆箱よりも大きいのでべんりだ。

（　　）・（　　）・（　　）

2 次の言葉は、どの言葉のなかまですか。□からえらんで、□に記号《きごう》を書きましょう。 一つ4点【24点】

① 深《ふか》い □　② 泳《およ》ぐ □　③ とんぼ □

④ だまる □　⑤ 楽しい □　⑥ 農業《のうぎょう》 □

ア　ものやことがらを表す言葉
イ　動《うご》きを表す言葉
ウ　様子を表す言葉

3 次《つぎ》の文の（　）に合うように、ひらがなを一字ずつ書きましょう。 一つ4点【16点】

① ぼくは買（　）ないつもりだが、弟は買（　）だろう。

② 君《きみ》が買（　）ば、ぼくも買（　）ます。

書く力

4 次の［　］の様子《ようす》を表《あらわ》す言葉《ことば》を、文に合う形に直して、（　）に書きましょう。 一つ7点【14点】

① ふしぎだ形の石を見つけた。
↓
（　　　　）

② えい画がつまらないば、帰る。
↓
（　　　　）

読む力

5 次の文章《ぶんしょう》から、動《うご》きを表す言葉と、様子を表す言葉を二つずつさがし、言い切りの形に直して（　）に書きましょう。 一つ7点【28点】

夕日が空を赤くそめた。あした、もし天気がよければ、ハイキングに出かけたい。

動きを表す言葉（　　　　）・（　　　　）

様子を表す言葉（　　　　）・（　　　　）

答え ▶ 84ページ

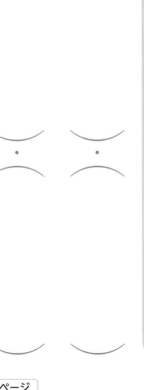

20

文のきまり

こそあど言葉《ことば》①

目《もく》標《ひょう》 10分

月　日

とく点　　点

1 次《つぎ》の絵の　①〜③にあてはまる言葉《ことば》を、　から一つずつえらんで、□に記号《きごう》を書きましょう。　一つ6点【18点】

①本、前からほしかったんだ。
イヌ
②を見せてください。
③の道を行けばいいのかな。

ア　これ　イ　あの　ウ　どちら
エ　この　オ　どう　カ　あれ

①□　②□　③□

2 次の文から、「これ」「それ」などのように物事《ものごと》を指《さ》ししめす言葉（こそあど言葉）を二つずつさがして、れいにならって、横《よこ》に――線を引きましょう。　一つ5点【30点】

れい　その話をどう思いますか。

① ううん、この話はそんなあらすじではなかったよ。

② あちらの四人のうち、どの人がお兄さんですか。

③ それではなくて、あの皿《さら》を取《と》ってください。

「こ・そ・あ・ど」のどれかから始《はじ》まる、何かを指ししめす言葉をさがそう。

3 次《つぎ》の（　）にあてはまるこそあど言葉《ことば》を、□から一つずつえらんで書きましょう。

一つ7点【28点】

① （　　）に見える星は、金星だよ。

② 君《きみ》がきのう着《き》ていた服《ふく》、（　　）は、にあっていたね。

③ ぼくらが住《す》む、（　　）地球《ちきゅう》を大事《だいじ》にしよう。

④ 君のいる、（　　）からは、何が見えますか。

あれ　これ　この　そこ　あそこ

読む力

4 次の□のこそあど言葉は、何を指《さ》していますか。**れい**にならって、指しているものの横《よこ》に――線を引きましょう。

一つ8点【24点】

れい 大きいたて物《もの》が見えます。**あれ**は図書館《としょかん》です。

① 家の近くに小さな公園がある。ぼくたちは、**そこ**でよく遊《あそ》ぶ。

② 公園のすみに青いボールが転《ころ》がっている。**あれ**は、だれがわすれていったものだろう。

③ 駅前《えきまえ》の本屋《ほんや》さんにいたら、友だちに「きのうも、**ここ**に来ていたね。」と言われた。

クイズ

遠くに見える「花畑《はなばたけ》」を指すときには、どの言葉を使《つか》う？

① そこ　② あそこ　③ どこ

答え ▶ 85ページ

こそあど言葉《ことば》②

目《もく》標《ひょう》 10分

月　日

とく点

点

1 次《つぎ》の①～③のこそあど言葉《ことば》は、おもに何を指《さ》すときに使《つか》いますか。［　］から一つずつえらんで、（　）に書きましょう。

一つ10点【30点】

① これ　それ　あれ　どれ　（　　）

② ここ　そこ　あそこ　どこ　（　　）

③ こちら　そちら　あちら　どちら
　 こっち　そっち　あっち　どっち　（　　）

［場所《ばしょ》　物事《ものごと》　方向《ほうこう》　様子《ようす》］

2 次の①～③のこそあど言葉は、どんなときに使いますか。□に、「近」か「遠」のどちらかの漢字《かんじ》を書きましょう。

一つ10点【30点】

① 【この・これ・ここ・こちら】
話し手に□いものを指すとき。

② 【その・それ・そこ・そちら】
相手《あいて》に□いものを指すとき。

③ 【あの・あれ・あそこ・あちら】
話し手からも相手からも□いものを指すとき。

3

次《つぎ》の文の（　）には、——線のことがらを指《さ》すこそあど言葉《ことば》が入ります。（　）にあてはまるこそあど言葉を、［　］から一つずつえらんで書きましょう。　一つ10点【20点】

① はとが木のかげに集《あつ》まっている。（　　）が日なたよりもすずしいのを、はとは知っているのだ。

② ぼくは、おじいさんから新しいつりざおをもらった。（　　）を持《も》って、つりに行くのが楽しみだ。

［ それ　その　そこ　そんな ］

読む力

4

次の——線①・②のこそあど言葉が指しているものを、（　）に書き出しましょう。　一つ10点【20点】

校庭《こうてい》のすみに、いちょうの木がある。①それは、百年くらい前に②そこに植《う》えられたものだそうで、秋になると、たくさんの実《み》が落《お》ちる。

こそあど言葉よりも前にあることがらを指すことが多いよ。

①（　　　　）

②（　　　　）

クイズ

自分の近くにある「コップ」を指すときには、どの言葉を使《つか》う？

① ここ　② こんな　③ これ

答え ▶ 85ページ

文の組み立て①

目標《もくひょう》 10分

月　日

とく点　　点

1 次《つぎ》の文は、下にあげた文の組み立ての形のどれにあてはまりますか。一つずつえらんで、――線でつなぎましょう。 一つ6点【24点】

① 海は 広い。　・　　・ ア 何が(は) どうする。

② 友だちが わらう。　・　　・ イ 何が(は) どんなだ。

③ 犬が 庭《にわ》に いる。　・　　・ ウ 何が(は) 何だ。

④ 姉は 図書委員《としょいいん》だ。　・　　・ エ 何が(は) いる。

アの「どうする」は動《うご》きを表《あらわ》す言葉《ことば》、イの「どんなだ」は様子《ようす》を表す言葉だよ。

2 次の文の主語《しゅご》(「何が(は)」「だれが(は)」にあたる言葉)を(　)に書き出しましょう。 一つ5点【25点】

① 先生が 黒板《こくばん》に 字を 書く。　(　　)

② わたしは、毎日 六時に 起《お》きる。　(　　)

③ 日の 光が あたたかい。　(　　)

④ つくえの 上に 本が ある。　(　　)

⑤ 今日の 風は、とても つめたい。　(　　)

3

次《つぎ》の文の述語《じゅつご》（「どうする・どんなだ・何だ・ある（いる）」にあたる言葉《ことば》）を（　）に書き出しましょう。　一つ5点【15点】

① 兄が　リコーダーを　ふく。（　　　）

② 明日は、わたしの　たん生日だ。（　　　）

③ この　かばんは、とても　重《おも》い。（　　　）

4

次の文の主語《しゅご》と述語を、（　）に書き出しましょう。　一つ6点【36点】

① 先週、ぼくは、友だちと　児童館《じどうかん》に　行った。

主語（　　　）　述語（　　　）

② にぎやかな　音楽が　遠くから　聞こえる。

主語（　　　）　述語（　　　）

③ 白い　ねこが、公園の　ベンチの　下に　いる。

主語（　　　）　述語（　　　）

ふつう、述語は文の最後《さいご》にあるので、まず、述語をさがすと、わかりやすいよ。

クイズ

次のうち、——線の言葉が主語なのはどれ？

① 兄と話した。　② 兄にほめられた。　③ 兄もわらう。

答え ▷ 85ページ

23 文の組み立て②

目標《もくひょう》 10分

月　日

とく点　点

1 次《つぎ》の――線の言葉《ことば》は、文の意味《いみ》をくわしくしています。それぞれのはたらきを□から一つずつえらんで、□に記号《きごう》を書きましょう。 一つ4点【28点】

●きのう、（①） わたしは、（主語《しゅご》） 父と（②） 近くの（③） 動物園《どうぶつえん》に（④） 行った。（述語《じゅつご》）

わたしは、（主語） 大好《だいす》きな（⑤） ゴリラを（⑥） すぐに（⑦） さがした。（述語）

① □　② □　③ □　④ □　⑤ □　⑥ □　⑦ □

ア 何を　イ いつ　ウ どこに　エ だれと　オ どこの　カ どんな　キ どのように

2 次の文で、意味をくわしくしている言葉（修飾語《しゅうしょくご》）はどれですか。一つずつえらんで、□に記号を書きましょう。 一つ4点【16点】

① ア あたたかい　イ 風が　ウ ふく。

② ア さとうが　イ 少し　ウ 足りない。

③ ア 今年の　イ 夏は　ウ 暑《あつ》かった。

④ ア 一本、　イ ねじが　ウ 外れる。

主語をくわしくする言葉と、述語をくわしくする言葉があるよ。

① □　② □　③ □　④ □

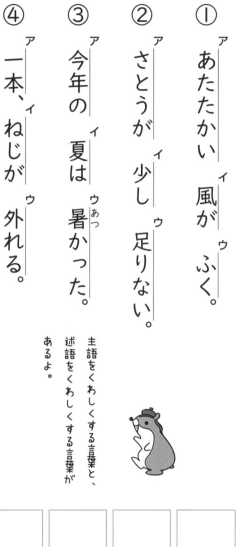

3

次《つぎ》の　　の言葉《ことば》をくわしくしている言葉（修飾語《しゅうしょくご》）は、どれですか。一つずつえらんで、□に記号《きごう》を書《か》きましょう。

一つ6点【24点】

① ア わたしは　イ 大きい　**ゆめを**　ウ もちたい。

② ア すごい　イ かみなりが　ウ ゴロゴロと　**鳴る。**

③ ア きれいな　**魚が**　イ 水そうに　ウ いる。

④ ア 部屋《へや》の　イ ドアが　ウ しずかに　**しまる。**

4

次の　　の修飾語は、どの言葉をくわしくしていますか。れいにならって、その言葉を（　）に書き出しましょう。

一つ8点【32点】

れい　**白い**　花が　さく。（花）

① ぼくは、**つめたい**　水を　飲《の》みたい。（　　）

② **たくさんの**　人が　駅前《えきまえ》に　集《あつ》まる。（　　）

③ 赤ちゃんが　**すやすやと**　ねむる。（　　）

④ わたしは、**妹と**　店まで　歩いた。（　　）

クイズ

次のうち、――線の言葉が修飾語なのはどれ？

① 金魚が泳《およ》ぐ。

② 金魚をかう。

③ 金魚はかわいい。

答え ▶ 85ページ

24 文の組み立て③

目《もく》標《ひょう》 10分

月　日

とく点　　点

1 次《つぎ》の——線の言葉《ことば》は、ア「主語《しゅご》」、イ「述語《じゅつご》」、ウ「修飾語《しゅうしょくご》」のどれですか。一つずつえらんで、□に記号《きごう》を書きましょう。

一つ8点【32点】

① 夜空に　大きな　花火が　上がる。 □

② はげしい　雨が　いきなり　ふり始《はじ》めた。 □

③ 真《ま》っ赤《か》な　太陽《たいよう》が、東から　のぼる。 □

④ 神社《じんじゃ》の　池に、かめが　たくさん　いる。 □

2 次の文から、修飾語を二つずつさがして、れいにならって、横《よこ》に——線を引きましょう。

一つ4点【24点】

れい　ぼくの　家は、駅《えき》から　遠い。

① 明るい　月が　村を　てらす。

② 来年、わたしは、四年生に　なる。

③ ぼくらは、山道を　ゆっくりと　登《のぼ》った。

文の意味《いみ》をくわしくする言葉をさがそう。

3

次《つぎ》の①・②の文からは、[　]の主語《しゅご》をくわしくしている修飾語《しゅうしょくご》を、③の文からは、[　]の述語《じゅつご》をくわしくしている修飾語をすべてえらんで、（　）に○をつけましょう。

全部《ぜんぶ》できて一つ8点【24点】

① 友だちからの（　） うれしい（　） 手紙が、（主語） 今日（　） とどいた。（　）

② となりの（　） 家に、（　） 一本の（　） 古い（　） 大木が（主語） ある。（　）

③ 弱い（　） 雨が、（　） いつまでも（　） しとしとと（　） ふりつづく。（述語）

書く力
4

次の[　]の中の言葉《ことば》をすべて使《つか》って、[　]の順番《じゅんばん》になる文を書きましょう。

全部できて一つ10点【20点】

① [ささを　食べる　パンダが　おいしそうに]

主語→修飾語→修飾語（何を）→修飾語（どのように）→述語

（　　　　　　　　　　　　）

② [さいた　花が　たくさん　庭《にわ》に　黄色い]

修飾語（どこに）→修飾語（どんな）→主語→修飾語（どのくらい）→述語

（　　　　　　　　　　　　）

クイズ

次の――線の言葉のうち、「どのように」を表《あらわ》している修飾語はどれ？

① さわやかな朝だ。
② 港《みなと》に船が着《つ》く。
③ 姉がにこにこわらう。

答え ▷ 86ページ

25 かくにんテスト④

名前

目標《もくひょう》 15分

月　日

とく点　点

1 次《つぎ》の文章《ぶんしょう》は、高い所《ところ》から町をながめている二人の会話です。①〜③にあてはまる言葉《ことば》を、□から一つずつえらんで書きましょう。 一つ6点【18点】

「ぼくたちの学校は ① にあるのかな。」

「 ② 白いたて物《もの》だと思うよ。」

「ああ、そうだ。 ③ が学校だね。」

あれ　これ　そこ　どこ　あの　こんな

①（　　　）

②（　　　）

③（　　　）

2 次の――線のこそあど言葉が指《さ》しているものを、（　）に書き出しましょう。 一つ9点【18点】

① 坂道《さかみち》をのぼると、海の見える公園がある。わたしは、そこから見下ろすけしきがすきだ。

（　　　）

② 妹は、買ってもらったマフラーをして出かけた。けれども、それをバスの中にわすれてきたらしい。

（　　　）

3 次《つぎ》の文と、文の形が同じものを下から一つずつえらんで、――線でつなぎましょう。 一つ6点【24点】

① 母はかんごしだ。 ・ ・ア シロはかわいい。

② 学校は駅《えき》から近い。 ・ ・イ シロがいる。

③ たなの上に人形がある。 ・ ・ウ シロは犬だ。

④ 弟が道で転《ころ》んだ。 ・ ・エ シロが走る。

4 次の文について①・②からは主語《しゅご》と述語《じゅつご》を、③・④からは修飾語《しゅうしょくご》を二つ、（　）に書き出しましょう。 一つ5点【40点】

① ひたいから、あせが　ぽたぽたと　落《お》ちた。

主語（　　）・述語（　　）

② おふろ場に、青くて　大きい　バケツが、二こ　ある。

主語（　　）・述語（　　）

③ 今日の　夕日は、とても　赤かった。

修飾語（　　）・（　　）

④ まもなく、すがすがしい　秋が　来る。

修飾語（　　）・（　　）

答え ▶ 86ページ

26

漢字《かんじ》のちしき

漢字と送《おく》りがな①

目《もく》標《ひょう》 10分

月　日

とく点

点

1 次《つぎ》の二つの言葉《ことば》のうち、送《おく》りがなの正しいほうをえらんで、（　）に○をつけましょう。

一つ5点【40点】

① 空が ア（　）晴る。 イ（　）晴れる。

② 野原を ア（　）歩く。 イ（　）歩るく。

③ みんなで ア（　）歌う。 イ（　）歌たう。

④ 鳥の声が ア（　）聞える。 イ（　）聞こえる。

⑤ ア（　）高い イ（　）高かい 山に登《のぼ》る。

⑥ 今月は、雨の日が ア（　）少い。 イ（　）少ない。

⑦ ア（　）新しい イ（　）新らしい くつをはく。

⑧ ア（　）温かい イ（　）温たかい お茶を飲《の》む。

⑧は「あたたかい」と正しく読めるほうをえらぼう。

2 次《つぎ》の文から、送《おく》りがながまちがっている言葉《ことば》を一つずつさがして、

れい になら って横《よこ》に――線を引き、（ ）に正しく書き直しましょう。

両方《りょうほう》できて一つ6点【30点】

れい 白ろい雲が見える。（白い）

① 多くのしつもんに正しく答たえる。（ ）

② 明かるい大きな声で話す。（ ）

③ 古いビルの前に、黒い車が止る。（ ）

④ 親しい人に、自分の考がえを話す。（ ）

⑤ 遠い国から来た人たちと交じわる。（ ）

3 次の言葉を漢字《かんじ》を使《つか》って書いたときの送りがなを、（ ）に書きましょう。

一つ5点【30点】

① よわい…弱（ ）

② あわせる…合（ ）

③ わける…分（ ）

④ あつめる…集（ ）

⑤ ひらく…開（ ）

⑥ あらわす…表（ ）

クイズ

送りがなをつけることができる漢字はどれ？

① 金 ② 後 ③ 形

答え ▶ 86ページ

27

漢字《かんじ》のちしき

漢字と送《おく》りがな②

目標《もくひょう》 10分

月　日

とく点　　点

1 同じ言葉《ことば》でも、使《つか》い方によって、送《おく》りがながかわることがあります。次《つぎ》の□にあてはまる送りがなを書きましょう。

一つ3点【36点】

① 動《うご》く

- 動□ない
- 動□ます
- 動□とき
- 動□ば
- 動□う
- 動□た
- 動け（命令《めいれい》）

② 運《はこ》ぶ

- 運□ない
- 運□ます
- 運□とき
- 運□ば
- 運□う
- 運□だ
- 運べ（命令）

2 次の（　）に、■の漢字《かんじ》に合う送りがなを書きましょう。

一つ3点【6点】

① 切る…六つに切（　　）ば、みんなに分けられる。

② 聞く…あまり聞（　　）たことのない声だ。

あとにつづく言葉によって、送りがながかわるんだね。

3 次《つぎ》の言葉《ことば》を漢字《かんじ》を使《つか》って書いたときの送《おく》りがなを、（　　）に書きましょう。

一つ4点【28点】

①
- ㋐ いきる…生（　　）
- ㋑ うまれる…生（　　）
- ㋒ はえる…生（　　）

②
- ㋐ あかり…明（　　）
- ㋑ あかるい…明（　　）
- ㋒ あきらか…明（　　）
- ㋓ あける…明（　　）

4 次の――線の言葉を、漢字と送りがなで（　　）に書きましょう。

一つ5点【30点】

①
- ㋐ 手帳《てちょう》にこまかい字で書く。（　　）
- ㋑ はりにほそい糸を通す。（　　）

②
- ㋐ かばんに本をいれる。（　　）
- ㋑ 家の中にはいる。（　　）

③
- ㋐ 弟に歌をおしえる。（　　）
- ㋑ 交番で道をおそわる。（　　）

クイズ

「みずから」を漢字と送りがなで書いたものとして、正しいのはどれ？

①自ら　②自から　③自ずから

答え ▶ 86ページ

漢字《かんじ》のちしき

28 漢字の組み立て①

目標《もくひょう》 10分

月　日

とく点

点

1 次《つぎ》の二つの漢字《かんじ》の部分《ぶぶん》は、下のどの漢字の部分をつけると、漢字になりますか。その部分を下から一つずつえらんで、――線でつなぎましょう。

一つ5点【40点】

① 孝・娄

② 可・木

③ 袁・玉

④ 至・女

⑤ 交・寸

⑥ ム・占

⑦ 反・首

⑧ 田・音

ア 宀

イ 口

ウ 攵

エ 亻

オ 心

カ 辶

キ 木

ク 广

こういう部分が組み合わさって、一つの漢字ができているんだね。

2

次《つぎ》の[　]の部分《ぶぶん》が部首になっている漢字《かんじ》を、[　]から二つずつえらんで、□に書きましょう。 一つ3点【42点】

① へん
② つくり
③ かんむり
④ あし
⑤ たれ
⑥ にょう
⑦ かまえ

顔　感　図　話　答　庭　近
原　草　助　遊　間　明　想

3

れい にならって、次の漢字の部分を組み合わせて、一つの漢字を作り、□に書きましょう。 一つ3点【18点】

れい 木＋主→柱

① 氵＋毎
② 本＋亻
③ ⿱幺夂＋彳
④ ｷ＋昜
⑤ 糸＋田
⑥ 十＋言

クイズ

「交」と部首が同じ漢字はどれ？
①京　②立　③校

答え ▶ 86ページ

29 漢字の組み立て②

目標《もくひょう》 10分

月　日

とく点　　点

1 次《つぎ》の部分《ぶぶん》をもつ漢字《かんじ》は、どんなことがらに関係《かんけい》がありますか。［　］から一つずつえらんで、（　）に書きましょう。

一つ5点【40点】

① 亻 にんべん　作・体・住　（　　）

② 氵 さんずい　海・池・泳　（　　）

③ 木 きへん　植・林・板　（　　）

④ 扌 てへん　持・拾・指　（　　）

⑤ 言 ごんべん　記・語・読　（　　）

⑥ 頁 おおがい　顔・頭・題　（　　）

⑦ 艹 くさかんむり　花・茶・草　（　　）

⑧ 心 こころ　思・感・意　（　　）

水　土　石
火　木　人
手　頭　心
植物《しょくぶつ》　言葉《ことば》

それぞれの三つの漢字の意味《いみ》を考えると、共通《きょうつう》していることがらもわかるよ。

2 次《つぎ》の名前の部分《ぶぶん》（部首）をもつ漢字《かんじ》を、□から二つずつえらんで、□に書きましょう。

一つ3点【36点】

① いとへん　□・□

② ひへん　□・□

③ つちへん　□・□

④ ちから　□・□

⑤ うかんむり　□・□

⑥ まだれ　□・□

地	絵	店	勉	時	守
家	暗	助	細	坂	庭

3 れい にならって、次の説明《せつめい》に合う漢字を□に書きましょう。

一つ6点【24点】

れい 「ごんべん」に「てら」→ 詩《し》

① 「てへん」に「てら」→ □

② 「にんべん」に「ほん」→ □

③ 「ひへん」に「つき」→ □

④ 「まめ」に「おおがい」→ □

クイズ

次のうち、部首が「門（もんがまえ）」ではない漢字はどれ？

①間　②聞　③開

答え ▶ 87ページ

30 かくにんテスト⑤

名前

目標《もくひょう》 15分

月　日

とく点　　点

1 次《つぎ》の――線は、　　の言葉《ことば》を、漢字《かんじ》と送《おく》りがなで書いたものです。送りがなが正しいものには○を、まちがっているものには漢字と正しい送りがなを（　）に書きましょう。

一つ4点【12点】

わたしの友だちは、ダンスを①習らっ《ならっ》ている。曲《きょく》に合わせて体を②動す《うごかす》のは、とても③楽しい《たのしい》らしい。

①（　　　）

②（　　　）

③（　　　）

2 「行く」を、次の（　）に合う形に直して書きましょう。

一つ4点【20点】

① 早く（　　　）ないと、学校に間に合わない。

② 日曜日には、ハイキングに（　　　）たい。

③ みんなで水族館《すいぞくかん》へ（　　　）う。

④ 公園に（　　　）て、元気に遊《あそ》ぼう。

⑤ まっすぐ（　　　）ば、川が見える。

3 次《つぎ》の――線の言葉《ことば》の送《おく》りがなを（　）に書きましょう。

一つ4点【16点】

① 一からまでかぞえる。　数（　　）

② 坂道《さかみち》を自転車《じてんしゃ》でのぼる。　上（　　）

③ 服《ふく》のよごれをおとす。　落（　　）

④ 言葉の意味《いみ》をしらべる。　調（　　）

4 次の□にあてはまる部首《ぶしゅ》（へん）を□からえらび、組み合わせてできた漢字《かんじ》を□に書きましょう。

一つ4点【16点】

日　木　言　禾

① □少 → □

② □音 → □

③ □売 → □

④ □黄 → □

5 次の漢字の部首の名前を（　）に書きましょう。

一つ6点【36点】

① 道（　　）

② 池（　　）

③ 草（　　）

④ 広（　　）

⑤ 国（　　）

⑥ 顔（　　）

答え ▶ 87ページ

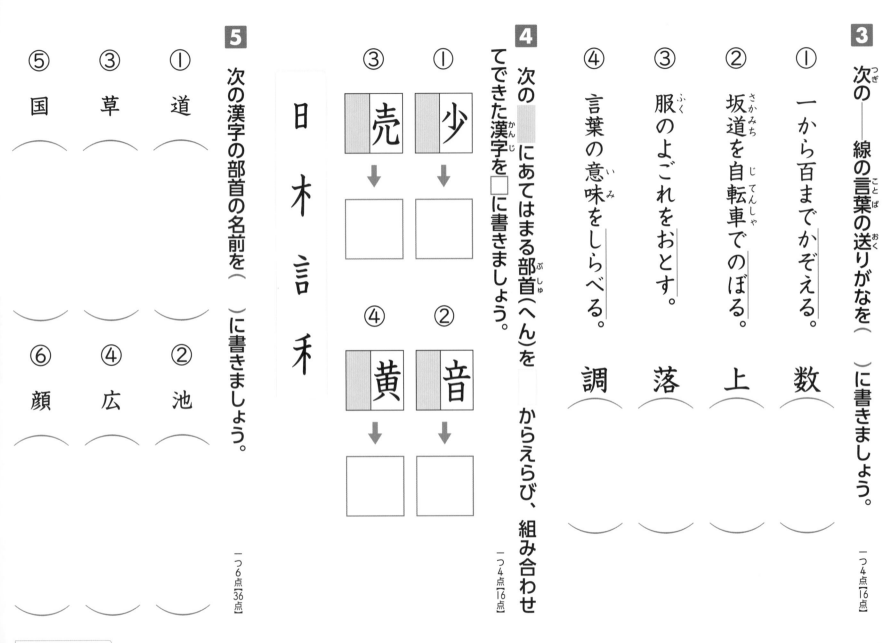

31 漢字《かんじ》のちしき

漢字の音《おん》と訓《くん》

目《もく》標《ひょう》 10分

月　日

とく点　　点

1 次《つぎ》の――線の漢字《かんじ》の読みがなを（　）に書きましょう。　一つ4点【48点】

①
ア 森林（　）
イ 森の中。（　）

②
ア 草食（　）
イ 草花（　）

③
ア 野生（　）
イ 野山（　）

④
ア 早朝（　）
イ 朝顔（　）

⑤
ア 友人（　）
イ 友だち（　）

⑥
ア 村長（　）
イ 村まつり（　）

同じ漢字でも、アとイでは、ちがった読み方をするよ。

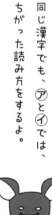

2 次《つぎ》の音《おん》と訓《くん》をもつ漢字《かんじ》を、[ ]から一つずつえらんで、□に書きましょう。 一つ4点【16点】

① 音 セイ　訓 ほし　□

② 音 シン　訓 おや　□

③ 音 チョウ　訓 とり　□

④ 音 ガン　訓 きし　□

長　鳥　声　星　岩　岸　親　新

3 次の――線の漢字の読みがなを、音読みはかたかなで、訓読みはひらがなで、（　）に書きましょう。 一つ6点【36点】

①（　）虫をつかまえる。

②（　）先生と話す。

③（　）数字を書く。

④（　）水色のタオルを使《つか》う。

⑤（　）時間を計る。

⑥（　）足音が聞こえる。

「山《やま》」のように、すぐに意味《いみ》のわかる読み方が訓読みだよ。

クイズ

次のうち、「身」を「み」と読むのはどれ？

① 全身　② 心身　③ 身分

答え ▶ 87ページ

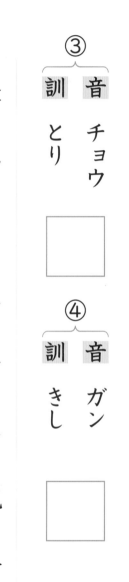

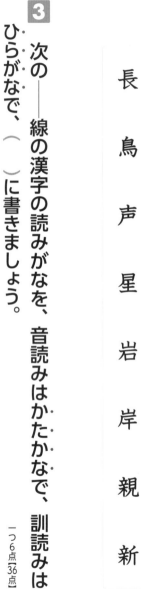

32 漢字《かんじ》の意味《いみ》①

1 次《つぎ》の――線の言葉《ことば》に合う漢字《かんじ》を、□から一つずつえらんで、□に書きましょう。

一つ6点【48点】

①
- ㋐ ひがもえている。　□
- ㋑ 冬はひが短《みじか》い。　□

②
- ㋐ ぞうのはなは長い。　□
- ㋑ 赤いはながさいている。　□

③
- ㋐ 水の流《なが》れがはやい。　□い
- ㋑ 母は起《お》きるのがはやい。　□い

④
- ㋐ 色紙を二つにきる。　□る
- ㋑ 新しい服《ふく》をきる。　□る

花	日	切	早
鼻	火	着	速

まず、――線の言葉の意味《いみ》をおさえて、次に、その意味を表《あらわ》す漢字をえらぼう。

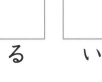

2

次《つぎ》の文の意味《いみ》に合う、同じ読み方をする漢字《かんじ》を、□に書きましょう。

一つ6点【24点】

①
- ㋐ □《かわ》をわたる。
- ㋑ みかんの□《かわ》。

②
- ㋐ 木の□《み》を拾《ひろ》う。
- ㋑ 自分の□《み》を守《まも》る。

3

次の——線に合う漢字二字の言葉《ことば》を、□から一つずつえらんで、（　）に書きましょう。

一つ7点【28点】

①
- ㋐ こまがかいてんする。（　　）
- ㋑ 花屋《はなや》がかいてんした。（　　）

②
- ㋐ 遠くで山かじがあった。（　　）
- ㋑ かじの手伝《てつだ》いをする。（　　）

①のそれぞれの「かいてん」は、「回る」「開《ひら》く」のどちらの意味かな。

火事　家事　開店　回転

クイズ

「せきをあける。」の「あ」を漢字で書いたものはどれ？

①空　②明　③開

答え ▶ 87ページ

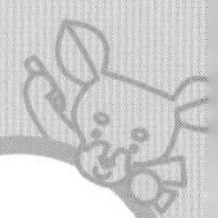

33

漢字《かんじ》のちしき

漢字の意味《いみ》②

目標《もくひょう》 10分

月　日

とく点　　点

1 次《つぎ》の——線の漢字《かんじ》は、どんな意味《いみ》で使《つか》われていますか。□から一つずつえらんで、□に記号《きごう》を書きましょう。 一つ4点【48点】

親

① 親友 □　② 両《りょう》親 □　③ 親せき □

ア 父母。
イ 身内《みうち》。
ウ 親しいこと。

本

① 本日 □　② 本心 □　③ 絵本 □

ア 図書。
イ 本当の。
ウ げんざいの。

口

① 出口 □　② 口笛《ぶえ》 □　③ 悪《わる》口 □

ア 言葉《ことば》。
イ 人や物《もの》が出入りする所《ところ》。
ウ 食べたり話したりする体の部分《ぶぶん》。

長

① 校長 □　② 身《しん》長 □　③ 長所《しょ》 □

ア 長さ。
イ すぐれている。
ウ いちばん上に立って指図《さしず》をする人。

二字の言葉の意味を考えてから、——線の漢字が表《あらわ》す意味を考えよう。

2

次《つぎ》の三つの言葉《ことば》の[　]には同じ漢字《かんじ》があてはまり、その漢字はそれぞれ下の意味《いみ》で使《つか》われています。あてはまる漢字を□に書きましょう。

一つ8点【24点】

①
- 地めい…なまえ。
- めい所《しょ》…すぐれた。
- 五めい…人数を表《あらわ》す言葉。

めい □

②
- くう中…そら。天。
- くう白…何もない。
- くう港《こう》…飛行機《ひこうき》に関係《かんけい》する。

くう □

③
- か族《ぞく》…両親《りょうしん》・子どもなどの集《あつ》まり。
- か屋《おく》…すまい。いえ。
- 作か…せんもんにする人。

か □

3

次の――線の漢字は、どんな意味で使われていますか。[　]から一つずつえらんで、（　）に書きましょう。

一つ7点【28点】

①
㋐ 作曲（　　）
㋑ 曲線（　　）

②
㋐ 指定《てい》（　　）
㋑ 指先（　　）

まがっている
ゆび
さししめす
音楽のふし

クイズ

「和《わ》」という漢字を、「日本《にほん》」とはちがう意味で使っているのはどれ？

① 平和　② 和食　③ 和室

答え ▶ 87ページ

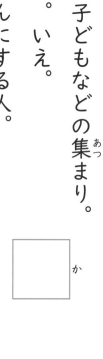

34 二つの漢字でできた言葉《ことば》

目標《もくひょう》 10分

月　日

とく点　　点

1

次《つぎ》の漢字《かんじ》と意味《いみ》がにている漢字を、□から一つずつえらんで□に書き、漢字二字の言葉《ことば》を作りましょう。

一つ4点【24点】

① 岩 □

② □ 畑《はた》

③ □ 進《しん》

④ 森 □

⑤ 使《し》 □

⑥ □ 体

田　身　石　行　用　林

一つ一つの漢字を訓《くん》読《よ》みすると、漢字の意味がわかるよ。

2

次の漢字と反対《はんたい》の意味になる漢字を、□から一つずつえらんで□に書き、漢字二字の言葉を作りましょう。

一つ4点【24点】

① 内 □

② □ 弱

③ 長 □

④ 遠 □

⑤ □ 暗《あん》

⑥ 勝《しょう》 □

近　短　負　外　強　明

3 れい にならって、次《つぎ》の言葉《ことば》の読み方と意味《いみ》を、（　）に書きましょう。

一つ5点【40点】

れい　白紙　読み方（はくし）　意味（白い紙）

① 強風　読み方（　　）　意味（　　）

② 新年　読み方（　　）　意味（　　）

③ 海水　読み方（　　）　意味（　　）

④ 曲線　読み方（　　）　意味（　　）

言葉の意味は、二つの漢字《かんじ》を訓読《くんよ》みして考えよう。

4 漢字二字を組み合わせて言葉を作ると、もとの漢字と読み方が少しかわることがあります。次の□の言葉の読み方を（　）に書きましょう。

一つ4点【12点】

① 青（あお）＋空（そら）→ 青空（　　）

② 夕（ゆう）＋方（かた）→ 夕方（　　）

③ 酒（さけ）＋屋（や）→ 酒屋（　　）

クイズ

次のうち、「雨」を「あめ」と読むのはどれ？

① 雨音　② 雨水　③ 大雨

答え ▷ 88ページ

35 かくにんテスト⑥

名前

目標《もくひょう》 15分

月　日

とく点

点

1 次《つぎ》の――線の言葉《ことば》に合う漢字《かんじ》を、［　］から一つずつえらんで、□に書きましょう。

一つ5点【20点】

食事《しょくじ》のとき、母が、小さいころのわたしは、お気に入りのスプーンをつかんで①はなさなかったという思い出を②はなしてくれた。食後、③はをみがいていると、まどの外に、木の④はがはらはらと落《お》ちるのが見えた。

話　放　葉
羽　歯

① □　② □　③ □　④ □

2 次の――線の漢字の読みがなを、音読《おんよ》みはかたかなで、訓読《くんよ》みはひらがなで、（　）に書きましょう。

一つ4点【24点】

①（　　）星空をながめる。

②（　　）黒板《ばん》に字を書く。

③（　　）国語の勉強《べんきょう》をする。

④（　　）道草を食う。

⑤（　　）体力をつける。

⑥（　　）物語を読む。

3 次《つぎ》の——線の漢字《かんじ》が表《あらわ》している意味《いみ》を、□から一つずつえらんで、□に記号《きごう》を書きましょう。 一つ4点【24点】

運

① 幸《こう》運 □
② 運動《どう》 □
③ 運送《そう》 □

ア 運《はこ》ぶ。
イ 動《うご》く。動かす。
ウ めぐり合わせ。

画

① 計画 □
② 区《く》画 □
③ 画数 □

ア くぎり。
イ はかる。はかりごと。
ウ 漢字を組み立てている点や線。

4 次の組み合わせでできた漢字二字の言葉《ことば》を、□から四つずつえらんで、□に記号を書きましょう。 一つ4点【32点】

① 反対《はんたい》の意味になる漢字の組み合わせ
□・□・□・□

② 意味がにている漢字の組み合わせ
□・□・□・□

ア 草花　イ 上下　ウ 絵画　エ 明暗《めいあん》
オ 道路《どうろ》　カ 金銀《きんぎん》　キ 生死《せいし》　ク 売買

答え ▶ 88ページ

36 まとめテスト①

目標《もくひょう》 15分

月　日

名前

とく点　　点

読む力

1 次《つぎ》の文章中《ぶんしょうちゅう》から、きせつがわかる言葉《ことば》を（　）に二つ書き出し、そのきせつを□に書きましょう。

両方《りょうほう》できて一つ10点【20点】

ぼくは、おばあちゃんのたん生日に、手紙を書いて送《おく》った。ふうとうの中には、雪だるまを作って遊《あそ》んだときの写真《しゃしん》と、妹の入学式の写真も入れた。

きせつがわかる言葉（　　）　きせつ□

きせつがわかる言葉（　　）　きせつ□

2 次の――線の言葉を、れいにならって、国語辞典《こくごじてん》に出ている形に直して、（　）に書きましょう。

一つ10点【30点】

れい　友だちに本をかりた。（かりる）

① たねをまいてから、土をかぶせた。（　　）

② まぶしければ、カーテンを引いてね。（　　）

③ 庭《にわ》に、きれいな花がさいている。（　　）

3 次《つぎ》の俳句《はいく》について、①・②の問《と》いに答えましょう。
①は両方《りょうほう》できて15点、②は15点【30点】

● スケートのひもむすぶ間《ま》もはやりつつ　山口誓子《やまぐちせいし》

① いつのきせつをよんだものですか。（　）に季語《きご》を、□にきせつを書きましょう。

季語（　　　　）　きせつ □

② どんなことをよんだ俳句ですか。□から一つえらんで、□に記号《きごう》を書きましょう。

ア　よく晴れて、あたりが日にかがやく美《うつく》しさ。
イ　ひもが、はじめてうまくむすべたよろこび。
ウ　早くスケートをしたいというわくわく感《かん》。

□

書く力
4 次の文中の「さるも木から落《お》ちる」はことわざ、「ねこの手もかりたい」は慣用句《かんようく》です。（　）にあてはまる言葉《ことば》を書いて、それぞれのことわざや慣用句を正しく使《つか》った文をかんせいさせましょう。
一つ10点【20点】

① 足の速《はや》い兄が、（　　　　）なんて、「さるも木から落ちる」とは、このことだ。

② 今日は（　　　　）ので、朝からねこの手もかりたいほどいそがしい。

答え ▶ 88ページ

37 まとめテスト②

読む力

1 次《つぎ》の文章《ぶんしょう》から、動《うご》きを表《あらわ》す言葉《ことば》と、様子《ようす》を表す言葉を二つずつさがし、言い切りの形に直して（　）に書きましょう。 一つ6点【24点】

親せきのおばさんから、きれいな花たばをもらった。とてもうれしかったので、今日、お礼《れい》の手紙を書いた。

動きを表す言葉（　　）・（　　）

様子を表す言葉（　　）・（　　）

2 次の会話の［　］①・②にあてはまる言葉を、［　］から一つずつえらんで、□に記号《きごう》を書きましょう。 一つ4点【8点】

「動物《どうぶつ》の図かんは、［①］にありますか。」
「いちばんおくの、［②］にあります。」

ア　あの　イ　これ　ウ　どこ
エ　あそこ　オ　その

① □　② □

読む力

3 次の［　］の言葉が指《さ》しているものの横《よこ》に、――線を引きましょう。 一つ5点【10点】

れい　赤い屋根のたて物《もの》が見える。［あれ］が児童館《じどうかん》だ。

① 公園に小さなすな場がある。弟は、［そこ］でよく遊《あそ》ぶ。

② おじいちゃんの家の庭《にわ》には、大きなさくらの木がある。［それ］は、家をたてたときに植《う》えたものだそうだ。

名前

目標《もくひょう》 15分

月　日

とく点　点

4 次《つぎ》の――線の言葉《ことば》のはたらきを□から一つずつえらんで、□に記号《きごう》を書きましょう。（同じ記号を二度《にど》使《つか》ってもよいです。） 一つ5点【40点】

● ①大会の ②開会式《かいかいしき》は、③ドーム球場《きゅうじょう》で ④行われる。

● ⑤さっき、⑥電話が ⑦二回、⑧鳴りました。

ア 何が・何は（主語《しゅご》）　イ いつ　ウ どこで
エ 何の　オ どれだけ　カ どうする（述語《じゅつご》）

①□　②□　③□　④□
⑤□　⑥□　⑦□　⑧□

5 次の□の言葉をくわしくしている言葉（修飾語《しゅうしょくご》）をすべてさがして、横《よこ》に――線を引きましょう。 全部《ぜんぶ》できて一つ5点【10点】

① 一人の 小さな 走者《そうしゃ》を、 わたしたちは おうえんした。

② 道ばたに、 せの 高い ひまわりが 一本、 ゆれている。

書く力

6 次の〔 〕の中の言葉をすべて使って、□の順番《じゅんばん》になる文を書きましょう。【8点】

〔上に　大きな　ある　テーブルの　りんごが〕

修飾語（どんな）→主語→修飾語（何の）→修飾語（どこに）→述語

（　　　　　　　　）

答え ▶ 88ページ

38 まとめテスト③

名前

目標《もくひょう》 15分

月　日

とく点　　点

1 次《つぎ》の――線①～⑤の漢字《かんじ》が正しいものには○を、まちがっているものには、正しい漢字（同じ訓読《くんよ》みの漢字）を（　）に書きましょう。
一つ4点【20点】

遠足の日の朝、わたしは、いつもより①速《はや》く起《お》きた。カーテンを②空《あ》けると、青空が広がっていた。起きてきた父と目が③合《あ》うと、父は、「おはよう。今日は遠足で山に④上《のぼ》るんだよね。⑤大《おお》いに楽しんできなよ。」と言った。

①（　）　②（　）　③（　）
④（　）　⑤（　）

2 次の部分《ぶぶん》が部首になっている漢字を、　から一つずつえらんで、□に書きましょう。
一つ4点【28点】

① へん □
② つくり □
③ かんむり □
④ あし □
⑤ たれ □
⑥ にょう □
⑦ かまえ □

回　都　返　港
定　思　原

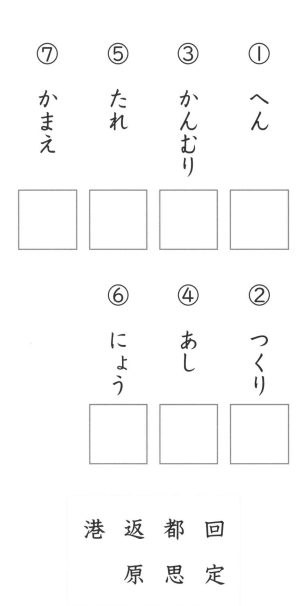

3

次《つぎ》の言葉《ことば》を漢字《かんじ》を使《つか》って書いたときの送《おく》りがなを、（　）に書きましょう。

一つ4点【24点】

① おりる…下（　　）
② はずれる…外（　　）
③ まじる…交（　　）
④ おこなう…行（　　）
⑤ おちる…落（　　）
⑥ みじかい…短（　　）

4

次の――線の漢字が表《あらわ》している意味《いみ》を、□から一つずつえらんで、□に記号《きごう》を書きましょう。

一つ4点【12点】

① 方角を調《しら》べる。 □
② 新しい方式《しき》。 □
③ 方言を話す。 □

ア やりかた。　イ 向《む》き。　ウ 地いき。

5

れい にならって、次の言葉の意味を、（　）に書きましょう。

一つ4点【16点】

れい 白紙（白い紙）

① 近所《きんじょ》（　　）
② 海中（　　）
③ 温水《おんすい》（　　）
④ 晴天（　　）

答え ▶ 88ページ

答えとアドバイス

1 国語辞典の使い方 5～6ページ

1 ①4・1・3・2 ②3・4・1・2
③4・3・1・2 ④3・2・1・4

2 イ

3 ①イ ②ア ③ア ④イ

4 ①知る ②鳴く ③組む ④早い

クイズ ②

アドバイス

1 ③「セーター」のように、伸ばす音（長音）があるかたかなの言葉は、「ー」の前の音を伸ばして「あ・い・う・え・お」に置き換えて国語辞典を引きます。

2 きせつの言葉 7～8ページ

1 ②・⑤―春 ①・⑧―夏
④・⑦―秋 ③・⑥―冬

2 ①エ ②ア ③イ

3 ①ゆかた・夏 ②スキー・冬
③ひばり・春

4 ①雪かき・冬 ②ぼんおどり・夏
③ぶどう・秋

クイズ ①

アドバイス

2 ①の「大空」、②の「ゆめ」、③の「ぼうし」は、特定の季節を表す言葉ではありません。

3 ①は春、②は夏、③は秋とつながりの深い言葉の集まりです。

3 俳句に親しむ① 9～10ページ

1 イ

2 ①閑かさや―岩にしみ入る―蟬の声
②いくたびも―雪の深さを―たずねけり
③えりまきに―首引き入れて―冬の月

3 ①ひっぱれる ②せきの子の

4 ①夏 ②春

クイズ ②（①「りんご」は秋、③「いちご」は夏。）

アドバイス

4 ②「雪とけて」は春を表します。少し難しいのですが、「ゆさゆさと～」の俳句の「桜」からは、はっきりと春だとわかります。

4 俳句に親しむ② 11～12ページ

1 ウ

2 ①イ ②ウ

3 ①すみれ草・春 ②赤とんぼ・秋
③はえ・夏

4 れい てんとう虫がとび立つ

クイズ ③（月が東に昇り始め、日が西に沈もうとしている情景。）

アドバイス

2 アの「さみだれ」は「梅雨《つゆ》」のことで、夏の季語です。梅雨の雨で川の水かさが増して、流れが速くなっている様子を説明してあげましょう。

5 短歌に親しむ 13～14ページ

1 ①天の原―振りさけ見れば―春日なる―三笠の山に―出でし月かも
②ほととぎす―鳴きつる方を―ながむれば―ただ有明の―月ぞ残れる
③この里に―手まりつきつつ―子どもらと―あそぶ春日は―暮れずともよし

2 風の音

3 ①ウ ②イ

クイズ ③

アドバイス

3 ①には七音、②には五音の言葉が入ります。また、①は「紅葉《もみじ》」、②は「秋にはあらねど」がヒントになります。

おうちの方へ

▼まちがえた問題は、何度も練習させましょう。
▼アドバイスも参考に、お子さまに指導してあげてください。

6 ことわざ 15～16ページ

1 ①つえ ②都 ③こばん ④水

2 ①ウ ②イ ③ア ④エ

3 ①筆 ②川

4 イ

5 れい 当たるなんて（当たるとは・当たって）

クイズ ③（「七転《ななころ》び八起《やお》き」は「何度失敗しても、負けずに頑張ること」という意味。）

アドバイス

3 「さるも木から落ちる」「弘法《こうぼう》にも筆のあやまり」「かっぱの川流れ」は、どれも「どんな名人でも、ときには失敗することがある」という意味です。

5 「たなからぼたもち」は「思いがけない幸運が舞い込んでくること」をたとえで表したことわざです。

7 慣用句 17～18ページ

1 ①ウ ②イ ③ア

2 ウ

3 ①つる ②すずめ ③うり

4 ①口 ②目

5 れい 兄弟げんかになると、いつも母は弟のかたを持つ。

クイズ ①（「お茶をにごす」は「いい加減なことを言って、ごまかす」という意味。）

アドバイス

2 ウの「ほね身にこたえる」は「つらさが身にしみる」という意味です。

5 「かたを持つ」は「味方をする。ひいきする」という意味です。

8 故事成語 19～20ページ

1 ①ウ ②オ ③ア ④エ ⑤イ

2 ①ウ・㋓ ②ア・㋑

クイズ ①（「五十歩百歩」「どんぐりのせいくらべ」は、「似たりよったり」という意味。）

アドバイス

2 イの「朝三暮四」は「目先の損得にとらわれて、結果が同じであることに気付かないこと。または、うまいことを言って人をだますこと」、エの「温故知新」は「昔のことを勉強して、そこから新しい知識や考え方を得ること」という意味です。

9 かくにんテスト① 21～22ページ

1 ①登る ②さわやか ③ふく ④楽しい

2 ①冬 ②春 ③秋 ④夏

3 ①かぶと虫・夏 ②名月・秋

4 ①エ ②イ

5 ①上手 ②頭 ③百歩

アドバイス

3 ①は、子供が遊んでいる光景です。子供が角につないだ糸を、力強く一直線に引っ張るかぶと虫の力強さがよまれています。

4 ②は、空欄の直後の「声」が何の声なのかを考えると、答えを導くことができます。

5 ①「すきこそものの上手《じょうず》なれ」は「何事も、好きであれば熱心に取り組むので、上達する」、②「頭が上がらない」は「力の差があって、かなわない」という意味です。

10 ローマ字① 23～24ページ

1 ①はと ②やね ③まど ④いす ⑤あり ⑥びん

2 ①eki ②natu（natsu） ③wasi（washi） ④kaba ⑤nohara ⑥hukuro（fukuro） ⑦memori ⑧usagi

3 ①しゃしん ②ちょきん ③としょかん ④おとうさん ⑤くうき ⑥きょうりゅう

4 ①okâsan ②otôto ③ôkami ④densya（densha） ⑤tyawan（chawan） ⑥kyokusen ⑦kingyo ⑧syûzi（shûji）

クイズ ①（①は「sansû」と書く。）

アドバイス

●ヘボン式の書き方は（ ）で示しました。

4 ④～⑧は「sya・tya・kyo」などのように3字で表す音に注意させましょう。

11 ローマ字② 25～26ページ

1 ①はがき　②kitte
③tentômusi（tentômushi）　④しっぱい
⑤imôto　⑥tôhu（tôfu）
⑦ふうしゃ　⑧syako（shako）
⑨こんや　⑩yakyû

2 ①らっぱ　②がっこう　③じっけん
④とうだい　⑤ふうせん　⑥ほんや

3 ①sippo（shippo）　②nikki
③tan'i　④happyô
⑤takkyû　⑥zassi（zasshi）
⑦senpûki　⑧kin'iro

クイズ　③（①は「びょう」、②は「ひょう」、③は「ちょう」。）

アドバイス

2　②・④などの伸ばす音の部分は、ひらがなで書くときは主に「う」、かたかなで書くときは「ウ」や「ー」になることを覚えさせましょう。

3　③・⑧は、はねる音「ん（n）」のあとに「i」が続くので、「n」の次に音を切る印の「'」を付けます。

12 ローマ字③ 27～28ページ

1 ①イ　②ア　③イ

2 ①Sapporo-si　②Kyôto-hu
③Tottori-ken　④Kagawa-ken
⑤Kyûsyû（Kyûshû）

3 ①みやたあいこ　②さとうしんいち
③Uekusa Hiroto　④Mori Kyôko

4 ①doyôbi　②しこく
③Mitiko（Michiko）　④えひめ
⑤Nara　⑥おおさか

クイズ　②

アドバイス

●地名や人の名前は、1字めを大文字で書くことに注意させます。

2　「～県」や「～市」などは「-（ハイフン）」でつなぎます。

3　③・④は、姓・名前ともに、1字めを大文字で書きます。

13 ローマ字④ 29～30ページ

1 ①Fuji-san　②shashin
③jôro　④chizu　⑤tsuki

2 ①IWATE　②HIROSHIMA
③UENO　④YOKKAICHI

3 ①SHI　②CHI　③JU
④WO　⑤NN

4 ①とうきょうと　②ちゅうおうく
③ぎんざ　④あいざわけんや

クイズ　②

アドバイス

●ローマ字のもう一つの書き方（ヘボン式）についての学習です。地名などでは、こちらの書き方が多く見られます。特に、「し・ち・つ・ふ・じ」などには二通りの書き方があることを理解させ、どちらでも読み書きできるようにさせましょう。

14 かくにんテスト② 31～32ページ

1 ①Sin'ya（Shin'ya）　②ひょうごけん
③Tiba-si（Chiba-shi）　④ぎゅうにゅう
⑤koppu　⑥tôkô

2 ①イ　②ア　③イ

3 ①kin'yôbi　②onîsan
③gakkyû　④shôgakkô
⑤Ôsaka

4 ①㋐ningyo　㋑ningyô
②㋐ziken（jiken）　㋑zikken（jikken）
③㋐biyôin　㋑byôin

アドバイス

2　①は「あ」を伸ばして発音するので、「a」に「^」を付けます。③の**ア**には「'」が付いていないので、「ぱにゃ」と読めてしまいます。

3　問題のローマ字は、①「きにょうび」、②「おにさん」、③「がきゅ」、④「しょうがこ」、⑤「おさか」と読めてしまいます。

15 言葉のなかま分け 33〜34ページ

1 ①ア・エ ②イ・ウ ③ウ・エ

2 ①ウ ②ア ③エ

3 ①いちご・コップ・研究〈順不同〉
②乗る・食べる・あらう〈順不同〉
③おそい・しずかだ・おいしい〈順不同〉

4 ①イ ②ア

クイズ ②（「近」に送りがなの「い」を付けると、「近い」となって、様子を表す言葉になる。）

アドバイス

2 ①は様子を表す言葉、②はものやことがらを表す言葉（名詞）、③は動きを表す言葉です。

3 ①の「ものやことがらを表す言葉」のうち、ことがらを表す言葉は、やや難しいので注意させましょう。ことがらを表す言葉には、「運動・平和・春・体力」などがあります。

16 動きを表す言葉 35〜36ページ

1 ①イ ②エ ③オ ④ア ⑤ウ

2 ①れい（先生が）ピアノをひく。
②れい（弟が）ボールをける。

3 ①歩き ②歩く ③歩け ④歩こ ⑤歩い

4 ①決まる ②学ぶ ③住む

クイズ ③

アドバイス

1 動きを表す言葉（動詞）は、その動きをまねすることができるので、まちがえた問題があったら、その動きをまねさせて確認させるとよいでしょう。

3 動きを表す言葉は、語尾が規則的に変化することを理解させます。

4 動きを表す言葉は「言い切りの形がウ段の音で終わる」ことを覚えさせましょう。

17 様子を表す言葉① 37〜38ページ

1 ①ア ②イ ③エ

2 ①かっ ②く ③い ④い ⑤けれ

3 ①㋐白く ㋑白かっ
②㋐くやしけれ ③㋑くやしかっ

4 ①あまい ②こわい ③さびしい

クイズ ③（「つめたい」はものの温度が低い様子、「ひやす」はものの温度を下げること。）

アドバイス

● 「様子を表す言葉①」では、言い切りの形が「〜い」になる言葉（形容詞）を学習します。

1 ①の「かわいい」は「タオル」の様子を、②の「やさしく」は「（姉が）ほほえむ」様子を、③の「美しい」は「（海にしずむ）夕日」の様子を表しています。

18 様子を表す言葉② 39〜40ページ

1 ①ウ ②イ ③ア

2 ①だっ ②で ③に ④だ ⑤な ⑥なら

3 ①㋐きれいに ㋑きれいな
②㋐元気に ㋑元気なら

4 ①親切だ ②すなおだ ③ほがらかだ

クイズ ①

アドバイス

● 「様子を表す言葉②」では、言い切りの形が「〜だ」になる言葉（形容動詞）を学習します。

2 「にぎやかだ・さわやかだ」など、他の形容動詞も、全て同じように変化することも確認させましょう。

4 言い切りの形は「〜だ」になることを覚えさせましょう。

19 かくにんテスト③ 41〜42ページ

1 新しい・大きい・べんりだ〈順不同〉

2 ①ウ ②イ ③ア ④イ ⑤ウ ⑥ア

3 ①わ・う ②え・い

4 ①ふしぎな ②つまらなけれ

5 動きを表す言葉…そめる・出かける〈順不同〉
様子を表す言葉…赤い・よい〈順不同〉

アドバイス

5 動きを表す言葉は、「〜た」や「〜たい」などが付くと見つけにくくなりますが、動きや変化を表している言葉はないか、特に文末に注目して探させましょう。

20 こそあど言葉① 43～44ページ

1 ①エ ②カ ③ウ

2 ①この・そんな ②あちら・どの ③それ・あの

3 ①あそこ ②あれ ③この ④そこ

4 ①小さな公園 ②青いボール ③駅前の本屋さん

クイズ ②（遠くに見える場所を指すときは「あそこ」を使う。）

アドバイス

3 話し手に近いとき（③）は「こ」、相手に近いとき（④）は「そ」、どちらからも遠いとき（①と②）は「あ」から始まるこそあど言葉（指示語）を使います。

4 こそあど言葉が指し示す言葉を探す問題では、答えを見つけたら、その答えをこそあど言葉の部分にあてはめて、文の意味が通るかを確認させましょう。例えば①は「ぼくたちは、小さな公園でよく遊ぶ。」となり、答えとして正しいことが確認できます。

21 こそあど言葉② 45～46ページ

1 ①物事 ②場所 ③方向

2 ①近 ②近 ③遠

3 ①そこ ②それ

4 ①いちょうの木 ②校庭のすみ

クイズ ③（「コップ」は物なので「これ」を使う。「ここ」は場所、「こんな」は様子を指す。）

アドバイス

3 ①の「木のかげ」は場所なので「そこ」、②の「新しいつりざお」は物なので「それ」で表します。

4 ①「それ」は物事、②「そこ」は場所を指すこそあど言葉です。①は百年くらい前に植えられたものは何か、②は百年くらい前にどこに植えられたのかと考えます。そして、こそあど言葉の前を読み返すことで、答えを探すことができます。

22 文の組み立て① 47～48ページ

1 ①イ ②ア ③エ ④ウ

2 ①先生が ②わたしは ③光が ④本が ⑤風は

3 ①ふく ②たん生日だ ③重い

4 ①主語…ぼくは 述語…行った ②主語…音楽が 述語…聞こえる ③主語…ねこが 述語…いる

クイズ ③（③の「兄も」は「兄が」に言い換えられるので主語。①・②の――線部は修飾語。）

アドバイス

1 文の形は、述語で見分けます。「どうする」は動きを表す言葉（動詞）、「どんなだ」は様子を表す言葉（形容詞・形容動詞）、「何だ」は「ものの名前を表す言葉(名詞)＋だ」です。

4 文中の主語と述語を探す場合は、文末に着目して述語を見つけたあと、その述語に対する「何が（は）・だれが（は）」に当たる言葉（主語）を探すと見つけやすいでしょう。

23 文の組み立て② 49～50ページ

1 ①イ ②エ ③オ ④ウ ⑤カ ⑥ア ⑦キ

2 ①ア ②イ ③ア ④ア

3 ①イ ②ウ ③ア ④ウ

4 ①水 ②人 ③ねむる ④歩いた

クイズ ②（①「金魚が」と③「金魚は」は主語。）

アドバイス

1 ①～⑦の言葉は、すべて修飾語であることに注目させましょう。②・③・④・⑥は「～と・～の・～に・～を」が手がかりになります。

2 ④の「一本」は、述語の「外れる」に係って、その数がいくつかを詳しくしている修飾語です。

4 通常、修飾語は、それが詳しくする言葉より前にあります。そこで、①は「つめたい↓水」「つめたい↓飲みたい」のように修飾語のあとの言葉に順につないで読み、意味が通る言葉を選びます。

24 文の組み立て③ 51〜52ページ

1 ①イ ②ウ ③ウ ④ア

2 ①明るい・村を ②来年・四年生に ③山道を・ゆっくりと

3 ①友だちからの・うれしい ②一本の・古い ③いつまでも・しとしとと

4 ①パンダが ささを おいしそうに 食べる。 ②庭に 黄色い 花が たくさん さいた。

クイズ ③（①「さわやかな」は「どんな」、②「港に」は「どこに」を表す修飾語。）

アドバイス
2 ①は「明るい→月が」「村を→てらす」、②は「来年→なる」「四年生に→なる」、③は「山道を→登った」「ゆっくりと→登った」と係っていきます。
3 □の言葉とつないでみて、意味が通る言葉を探します。③は「雨が」は主語であることに注意させましょう。

25 かくにんテスト④ 53〜54ページ

1 ①どこ ②あの ③あれ

2 ①海の見える公園 ②買ってもらったマフラー

3 ①ウ ②ア ③イ ④エ

4 ①主語…あせが 述語…落ちた ②主語…バケツが 述語…ある ③修飾語…今日の・とても〈順不同〉 ④修飾語…まもなく・すがすがしい〈順不同〉

アドバイス
3 ①は「何が（は）何だ」、②は「何が（は）どんなだ」、③は「何が（は）ある（いる）」、④は「何が（は）どうする」を表す文です。
4 ④「まもなく」は述語「来る」の、「すがすがしい」は主語「秋が」の修飾語です。

26 漢字と送りがな① 55〜56ページ

1 ①イ ②ア ③ア ④イ ⑤ア ⑥イ ⑦ア ⑧ア

2 ①答たえる・答える ②明かるい・明るい ③止る・止まる ④考がえ・考え ⑤交じわる・交わる

3 ①い ②わせる ③ける ④める ⑤く ⑥す

クイズ ②（「後《うし》ろ」という読み方がある。）

アドバイス
2 ②「明《あ》かり」「明《あか》るい」や、⑤「交《ま》じる」「交《まじ》わる」は、送りがなに特に注意させます。
3 ⑤「開《あ》く」「開《ひら》く」は、どちらも送りがなは「く」だけです。

27 漢字と送りがな② 57〜58ページ

1 ①か・き・く・け・こ・い ②ば・び・ぶ・べ・ぼ・ん

2 ①れ ②い

3 ①㋐きる ㋑まれる ㋒える ②㋐かり ㋑るい ㋒らか ㋓ける

4 ①㋐細かい ㋑細い ②㋐入れる ㋑入る ③㋐教える ㋑教わる

クイズ ①

アドバイス
1 ①「動けない」や「動けます」は、可能の意味を表す動詞「動ける」が変化した形なので、まちがいです。

28 漢字の組み立て① 59〜60ページ

1 ①ウ ②エ ③イ ④ア ⑤キ ⑥ク ⑦カ ⑧オ

2 ①話・明 ②顔・助 ③答・草 ④感・想 ⑤庭・原 ⑥近・遊 ⑦図・間〈それぞれ順不同〉

3 ①海 ②体 ③後 ④場 ⑤細 ⑥計

クイズ ①（「交」と①「京」の部首は「亠（なべぶた）」。②「立」の部首は「立（たつ）」、③「校」の部首は「木（きへん）」。）

アドバイス
1 上の二つのマスで、共通して空白があるのはどこかをヒントに、探させます。
2 ⑦「図」は「囗（くにがまえ）」、「間」は「門（もんがまえ）」の漢字です。

29 漢字の組み立て② 61～62ページ

1 ①人　②水　③木　④手　⑤言葉　⑥頭　⑦植物　⑧心

2 ①絵・細　②時・暗　③地・坂　④勉・助　⑤守・家　⑥店・庭〈それぞれ順不同〉

3 ①持　②体　③明　④頭

クイズ　②（「聞」の部首は「耳（みみ）」。）

アドバイス　**3**　①「てへん」、②「にんべん」、③「ひへん」は「へん」なので漢字の左側に書き、④「おおがい」は「つくり」なので漢字の右側に書きます。

30 かくにんテスト⑤ 63～64ページ

1 ①習っ　②動かす　③〇

2 ①行か　②行き　③行こ　④行っ　⑤行け

3 ①える　②る　③とす　④べる

4 ①秒　②暗　③読　④横

5 ①しんにょう（しんにゅう）　②さんずい　③くさかんむり　④まだれ　⑤くにがまえ　⑥おおがい（いちのかい）

アドバイス　**3**　②「上」には、「上《のぼ》る」の他に「上げる・上がる」の訓読みもあります。送りがなの違いに注意させましょう。

4　①～④の部首の名前は、①「のぎへん」、②「ひへん」、③「ごんべん」、④「きへん」です。部首の形と部首名を組みにして覚えさせましょう。

31 漢字の音と訓 65～66ページ

1 ①㋐しん　㋑もり　②㋐そう　㋑くさ　③㋐や　㋑の　④㋐ちょう　㋑あさ　⑤㋐ゆう　㋑とも　⑥㋐そん　㋑むら

2 ①星　②親　③鳥　④岸

3 ①むし　②セン　③スウ　④みず　⑤ジ　⑥あし

クイズ　③（①は「ぜんしん」、②は「しんしん」、③は「みぶん」と読む。）

32 漢字の意味① 67～68ページ

1 ①㋐火　㋑日　②㋐鼻　㋑花　③㋐速　㋑早　④㋐切　㋑着

2 ①㋐川（河）　㋑皮　②㋐実　㋑身

3 ①㋐回転　㋑開店　②㋐火事　㋑家事

クイズ　①（「空間やすきまをつくる」という意味の「あける」は「空ける」と書く。）

アドバイス　**1**　同訓異字（同じ訓をもつ漢字）の問題です。③「水の流れがはやい。」のように、「スピードがある。すばやい」という意味で使う場合は「速い」と書きます。「足が速い。」「仕事が速い。」などの使い方を覚えて、「早い」との違いを理解させましょう。

3　同音異義語（発音が同じ熟語）の問題です。①㋐「こまが回る」、㋑「花屋が（店を）開《ひら》く」のように考えて、選ばせましょう。

アドバイス　**1**　**2**　──線部はすべて、㋐は音《おん》、㋑は訓です。**2** の「長・鳥」「声・星」「岩・岸」「親・新」は、それぞれ同じ音の漢字なので、訓読みを決め手にして考えます。

33 漢字の意味② 69～70ページ

1
親…①ウ　②ア　③イ
本…①ウ　②イ　③ア
口…①イ　②ウ　③ア
長…①ウ　②ア　③イ

2 ①名　②空　③家

3 ①㋐音楽のふし　㋑まがっている　②㋐さししめす　㋑ゆび

クイズ　①（「平和」の「和」は、「たがいに仲よくする」という意味。）

アドバイス　●多くの漢字は、複数の意味をもっていることに気付かせましょう。

3　②㋐は「指定《してい》」、㋑は「指先《ゆびさき》」と読むことも確認させましょう。

34 二つの漢字でできた言葉 71～72ページ

1 ①石　②田　③行　④林　⑤用　⑥身

2 ①外　②強　③短　④近　⑤明　⑥負

3 ①読み方…きょうふう　意味…強い風
②読み方…しんねん　意味…新しい年
③読み方…かいすい　意味…海の水
④読み方…きょくせん　意味…曲がった線

4 ①あおぞら　②ゆうがた　③さかや

クイズ ③（①と②の「雨」は「あま」と読む。）

アドバイス

3 上の言葉が下の言葉を詳しくする（修飾する）というつながりの言葉です。

4 下の漢字の読み方が濁ったり（①・②）、上の漢字のエ段の音がア段の音に変わったり（③）することがあります。

35 かくにんテスト⑥ 73～74ページ

1 ①放　②話　③歯　④葉

2 ①ほし　②コク　③コク　④みち　⑤タイ　⑥もの

3 運…①**ウ**　②**イ**　③**ア**
画…①**イ**　②**ア**　③**ウ**

4 ①**イ・エ・キ・ク**　②**ア・ウ・オ・カ**
〈それぞれ順不同〉

アドバイス

4 それぞれの漢字を訓で読むと、二字の漢字の関係がつかめます。訓で読んでも意味がわかりづらい漢字や訓がない漢字は、他の熟語から意味を考えます。例えば**ウ**の「画」は「画家・画集」などから「絵」、**オ**の「路」は「路地・路面」などから「道」の意味をもつことがわかります。

36 まとめテスト① 75～76ページ

1 雪だるま・冬　入学式・春〈順不同〉

2 ①まく　②まぶしい　③きれい

3 ①スケート・冬　②**ウ**

4 ①**れい** リレーで転ぶ
②**れい** お客さんが家に来る

アドバイス

4 ①のことわざは「どんな名人でも、ときには失敗することがある」という意味なので、（　）には「失敗」に当たることがらが入っていれば正解です。②の慣用句は、忙しいので誰でもよいから手伝いがほしいことのたとえです。（　）には「忙しい理由」が入っていれば正解です。

37 まとめテスト② 77～78ページ

1 動きを表す言葉…もらう・書く〈順不同〉
様子を表す言葉…きれいだ・うれしい〈順不同〉

2 ①**ウ**　②**エ**

3 ①小さなすな場　②大きなさくらの木

4 ①**エ**　②**ア**　③**ウ**　④**カ**
⑤**イ**　⑥**ア**　⑦**オ**　⑧**カ**

5 ①一人の・小さな　②道ばたに・一本

6 大きな りんごが テーブルの 上に ある。

アドバイス

1 様子を表す言葉には、言い切りの形（終止形）が「～い」で終わるものと「～だ」で終わるものがあることを確認させましょう。

38 まとめテスト③ 79～80ページ

1 ①早　②開　③〇　④登　⑤〇

2 ①港　②都　③定　④思　⑤原　⑥返　⑦回

3 ①りる　②れる　③じる　④う　⑤ちる　⑥い

4 ①**イ**　②**ア**　③**ウ**

5 ①近い所　②海の中
③温かな水（温かい水）　④晴れた天

アドバイス

1 ①「時刻が前である」という意味で使う場合は「早い」と書きます。④「のぼる」は、「高い所へ行く（例 山に登る）」と「上の方へ行く（例 坂を上る）」を使い分けます。

2 それぞれの部首は、①「港」が「氵《さんずい》」、②「都」が「阝《おおざと》」、③「定」が「宀《うかんむり》」、④「思」が「心《こころ》」、⑤「原」が「厂《がんだれ》」、⑥「返」が「辶《しんにょう(しんにゅう)》」、⑦「回」が「口《くにがまえ》」です。